Lingerie in Cinema

blueprint

はじめに

女はランジェリーを着る。
男はただ、下着を身につけるだけ。

ウジェニー・ルモワーヌ・ルッチオーニ（精神分析医）

女性の素肌と洋服の間にある、薄い層。そこにあるのはコットンやナイロン、シルク、リネン、ポリエステル、スパンデックス、様々な素材のランジェリーや下着です。レースやリボン、フリル、刺繍で飾られたものから、シンプルな無地のものまで。ランジェリーのスタイルは多様です。女性の体を守る。服が直接肌に触れて汚れるのを防ぐ。体型を整える。そうした下着の本来の目的とはまた違う、ひそやかで自由な領域がそこにあります。

映画でヒロインが服を脱いで、ランジェリーだけの姿になる。その意味もひとつだけではありません。素肌と洋服の間には、無数の物語があります。

ランジェリーは時に、女性が洋服の下に隠した秘密を匂わせます。

だけどランジェリーが彼女の素顔を語っているとは限りません。

ランジェリーはなりたい自分、他人に見せたい自分を演出する道具です。

バストを大きく、ウエストを細く、ヒップを高く上げて、その上に着る服にふさわしいシェイプを作る。ランジェリーは女性にとって舞台裏でもあります。

それと同時に、ランジェリーは誰かに見せる衣装にもなりえます。それが大勢の観客なのか、それともたった一人のためのものなのか。それによって、同じランジェリーでもムードは大きく違ってきます。

時にランジェリーは女性の身体を離れ、それ自体が賛美や欲望の対象になることもあります。ランジェリーの女性は裸より無防備に見えることがあります。でも同じランジェリーでも、洋服よりも更に強固なヒーローの鎧のように見えることもあります。

ランジェリーは、リラックスしたい時に着るもの。服を脱いで、女性たちはほっとして一人の時間を楽しみます。

その一方で、ランジェリーが女性の抑圧を意味することもあります。長い間、ランジェリーと完璧な肉体のイメージは切り離せないものでした。それは今、大きく変わろうとしています。その変化の兆しが映画にも見えはじめてきました。

ランジェリーが語るのはロマンスやセックスのストーリーだけではないのです。

本書では映画で見つけた素敵なランジェリーをピックアップしながら、そこに込められた意味や物語を読み解いていきたいと思います。

SCENE 1
スリップの誘惑

SCENE 2
少女は服の下から大人になっていく

SCENE 3
恋するために最初に着るもの

SCENE 4
ファッションと夢の裏側

SCENE 5
ナイトウェアと一人きりの夜

SCENE 6
ドレスの下の戦闘服

LINGERIE IN CINEMA

SCENE 1

スリップの誘惑

BUtterfield 8

バターフィールド8

1960年／アメリカ

監督：ダニエル・マン

出演：エリザベス・テイラー、ローレンス・ハーヴェイ、エディ・フィッシャー

映画の中で女優たちは衣装として、様々なランジェリーを身につけます。ブラジャーとショーツ。ガーターベルト。ストッキング。ガウン。中でも美しいスリップは目を引きます。60年代のスリップのアイコンといえば、何と言っても『バターフィールド8』のエリザベス・テイラーでしょう。

映画の冒頭、テイラーが演じるヒロインのグロリアはニューヨークの高級マンションのベッドの中にいます。自宅ではなく、前日に情事を持った既婚者の男性の部屋です。グロリアの表向きの職業はモデルですが、内実は裕福な男性を渡り歩くコールガールです。

『ティファニーで朝食を』（1961年）のホリー・ゴライトリーからファンタジーを引いて、アダルトな倦怠感を足すとグロリアになるといえばこのヒロインの雰囲気が伝わるでしょうか。

男性が既に外出した後の部屋で目覚めたグロリアは、前の日に着ていたドレスが破れているのに気がつきます。この時に彼女が着ているスリップが話題になりました。胸元と裾にアイヴォリーのレースがあしらわれた白いシルクのスリップはエリザベス・テイラーのサイズにぴったり。彼女の大きなバストと細いウエストを引き立てています。これはハリウッドの衣装デザイナー、ヘレン・ローズがエリザベス・テイラーのためだけに作ったオーダーメイドのスリップです。フェミニンな服を得意とするヘレン・ローズは、テイラーをはじめ、黄金期のハリウッドで多くの女優が絶対的な信頼を寄せていたデザイナーでした。

『バターフィールド8』の衣装は、ヘレン・ローズがエリザベス・テイラーのために作った二枚目のスリップでした。

この映画の二年前に『熱いトタン屋根の猫』（1958年）でテイラーが自分を抱かない夫に不満を抱える妻を演じた時も、ヘレン・ローズの手によるスリップを着た彼女の美しさが評判になりました。舞台である蒸し暑い南部の気候に合わせて、この時のスリップはコットン・レースのものでした。

『バターフィールド8』のグロリアはシルクのスリップの上にミンクのコートを羽織って、マンションを後にします。ドレスのようにスリップを着たエリザベス・テイラーの姿は後に多くのデザイナーたちのインスピレーションの源となり、スリップドレスにファー・コートのコーディネートは『SEX AND THE CITY』のキャリー・ブラッドショーをはじめとするニューヨークのヒロインたちの定番ファッションになったのです。

The Royal Tenenbaums

ザ・ロイヤル・テネンバウムズ

2001年／アメリカ

監督：ウェス・アンダーソン

出演：ジーン・ハックマン、アンジェリカ・ヒューストン、グウィネス・パルトロー、ベン・スティラー、ビル・マーレイ

ウェス・アンダーソン監督の映画というと、内容と共にいつもその独自の美意識に貫かれた衣装やセットが気になります。

中でもニューヨークのお金持ち一家を描いた『ザ・ロイヤル・テネンバウムズ』は、ファッションが人気の一本ではないでしょうか。父親の死期が近いということを受けて、バラバラだった家族がニューヨークのアッパー・イースト・サイドの実家に戻ってくるというストーリーでしたが、父に反旗を翻して家を出た三人の子供たちが、みんな大人になってもユニフォームのように少年少女だった時代と同じような服を着ているのが印象的でした。

特に評判になったのが、グウィネス・パルトロー演じる長女マーゴット・テネンバウムズのスタイルです。濃いアイメイクに、前髪をスリーピンで留めた金髪のボブ・スタイル。水色のラコステのボーダー・ワンピースの上に無造作に羽織ったミンクのコート。いまだに映画のヒロインを真似たファッション・グラビア等で見かける、アイコニックなコーディネートです。ミンクのコートは、両親にネグレクトされているニューヨークのお金持ちの少女が主人公の映画『マリアンの友だち』（１９６４年）へのオマージュでもあります。あの映画のマリアンは、学校の制服の上に母親の毛皮のコートを着ていました。

しかしここで注目したいのは、大人になってからの登場シーンでマーゴットが着ているスリップの方です。ヌードカラーで肌に吸いつくようなシルエット。このスリップを着たマーゴットはクールでセクシーでした。裾と胸元に控えめにレースがあしらってあるシンプルなデザインのスリップですが、胸の真ん中の小さなピンクのリボンに少女が着るシュミーズの面影があります。

スリップ姿のマーゴットはバスルームの洗面台に座って煙草をふかしながら、バーガンディ色のネイルを足の爪に塗っているのですが、そのペディキュアとスリップの色のコーディネートもシックで素敵でした。あのラコステのボーダー・ワンピースの下に、こんなランジェリーをつけている。そんな事実が、彼女の複雑な個性をより魅力的に見せています。

細部へのこだわりが強いアンダーソン監督らしく、マーゴットの毛皮のコートはフェンディに発注したもので、ラコステのワンピースも許可をもらって映画のためにデザインした特注品だといいます。このスリップもマーゴットのためにデザインされたものである可能性が高いのですが、どこのブランドに注文したのでしょうか?

Atonement

つぐない

2007年／イギリス

監督：ジョー・ライト

出演：キーラ・ナイトレイ、ジェームズ・マカヴォイ、シアーシャ・ローナン

『つぐない』の舞台は、１９３０年代から40年代にかけての英国。贅沢な邸宅に暮らす十三歳の少女ブライオニーはある日、庭の噴水の前にいる姉のセシーリアと使用人の息子のロビーの姿を窓から見かけます。彼女が目にしたのは、セシーリアがロビーの目の前で服を脱ぎ捨てるというショッキングなシーンでした。

実はセシーリアとロビーはケンブリッジ大学の同窓生。お互いを密かに思い合う仲でしたが、官僚の娘であるセシーリアと労働者階級のロビーは、現実世界では身分違いです。近くにいながら、対等に話すことも出来ない。二人の間には常にはりつめたムードが漂い、セシーリアを苛立たせます。

ブライオニーが二人を目撃する少し前、セシーリアは花瓶に噴水の水を入れようとしていました。ロビーが手伝いを申し出ると、彼女は神経質にそれをはねのけようとします。そのやり取りの結果、花瓶は割れてその破片が噴水の中に落ちていきました。怒りと緊張で高ぶる思いを抑えられないセシーリアは、ロビーの目前でスリップ一枚の姿になり、噴水に飛び込んで底に沈む破片を取りにいったのです。ブライオニーが想像したような経緯とは違うかもしれませんが、この場面のセシーリアは挑発的です。

セシーリアを演じたキーラ・ナイトレイは、ジェームズ・マカヴォイ演じるロビーの目をまっすぐに見て、シフォンらしき柔らかなブラウスとタイトスカートを脱ぎ去ります。服の下はゴールドのレースがついたシルクのショート・スリップ。噴水から彼女が上がってくると、そのスリップはぴったりと彼女の肌に張りついています。まるでヌードのようですが、濡れた下着がセシーリアの白い肌に吸いつく様子は、本当の裸よりも官能的でした。これはあなたのせいなのだと彼女は強い視線でロビーに訴えます。

二人は実際には触れ合ってもいませんが、これは紛れもないラブ・シーンです。このスリップは、その後の図書室でロビーと抱き合うシーンでセシーリアが着ていた緑のスリップ・ドレスと対になっています。

噴水の場面はブライオニーの妄想を掻き立て、彼女が勝手に仕立てたストーリーはやがてセシーリアとロビーの恋を悲劇に追い込むことになります。

水に濡れた姉のシルクの下着は、夢見がちな少女が初めて知った大人の恋のシンボルでした。ブライオニーを演じたのは、撮影当時十二歳だったシアーシャ・ローナン。この映画で初めてアカデミー賞の助演女優賞にノミネートされています。

Who's Calling?

あなたは誰？

1942年／アメリカ

著者：ヘレン・マクロイ

私はミステリーを読む時、容疑者として出てくる女性たちが着ている服が気になります。洋服は時に言葉よりも雄弁にその人を語ります。更に言えば、ブラウスやドレスの下に身につけている下着ほど、その女性の秘密を物語るものはないのではないでしょうか。

ミステリー小説の黄金時代に活躍した作家のヘレン・マクロイの小説には、スタイリッシュな女性たちが登場します。中でも、1942年に書かれたミステリー『あなたは誰？』のランジェリーの描写は忘れられません。

物語は一本の電話から始まります。ニューヨークの高級アパートで、その電話を受け取ったフリーダ・フレイはナイトクラブの歌手。まだ二十歳ながらセクシーな魅力で観客の人気をつかんだだけではなく、精神科医の卵であるアーチー・クランフォードの心も得て、婚約したばかりです。彼の実家に向かう前に、彼女にかかってきた匿名の電話。それはアーチーの家に行くなという脅迫でした。それでもクランフォード家に来たフリーダを出迎えたアーチーの母イヴ・クランフォードは、彼女のトランクに入っているランジェリーに目を留めます。フリーダが薄紙で包んで持参したのは「目立つレースの縁取りがある繻子（しゅす）（サテン）のスリップ」。

そのどれもが淡黄色や薄紫といったパステル・カラーなのは、フリーダのブロンドの髪とグレイの目に映えるからなのでしょう。そんな繊細なランジェリーは現代でも普通の洗濯機と洗剤で洗ったら、繊維を駄目にしてしまいそうです。フリーダは自分でスリップを手洗いするようなタイプには見えません。イヴは彼女が下着を「一流のフランス系のクリーニングかドライ・クリーニングに毎週出しているに違いない」と推理します。つまり、彼女はお金のかかる女なのです。フリーダは、そのランジェリーの下にも何か隠していそうです。

当時、複数の種類の生地が使われた服や高級なランジェリーは、一般人の洗濯技術で手に負えるものではありませんでした。フランスのクリーニング業界はレースや繊細な生地の扱いで有名です。十九世紀の半ばにアメリカの西海岸にやって来たフランスの移民たちが始めた手洗いと丁寧なアイロンによるクリーニングは人気を集め、企業として大きくなっていきます。１９４０年代にはその人気が東海岸のニューヨークにも到達していたのでしょう。登場人物のキャラクターや背後に秘めたものだけではなく、ランジェリーとクリーニングの歴史が垣間見える、興味深い描写です。

Skyfall

007／スカイフォール

2012年／イギリス・アメリカ

監督：サム・メンデス

出演：ダニエル・クレイグ、ハビエル・バルデム、レイフ・ファインズ、ナオミ・ハリス、ベレニス・マルロー

ＭＩ６のエージェント、コード・ネーム００７ことジェームズ・ボンド。彼が主役の『００７』シリーズでは、彼の相手役を務める女優、通称〝ボンド・ガール〟たちが話題になります。

ボンド・ガールたちのセクシーなファッションは、この映画シリーズの伝統でもあります。シリーズの第一作である『００７／ドクター・ノオ』（１９６２年）の登場シーンでウルスラ・アンドレスが来ていた白いビキニの水着は、もはや伝説です。首にリボンだけ巻いて、コケティッシュにベッドでボンドを待っていた『００７／ロシアより愛をこめて』（１９６３年）のダニエラ・ビアンキ。バックレスの黒いドレスを着た『００７／オクトパシー』（１９８３年）のモード・アダムス。それぞれの時代に印象的な水着やランジェリーのボンド・ガールがいますが、ジェームズ・ボンドが現在のダニエル・クレイグになってからのボンド・ガールのランジェリー・ファッションでいうと『００７／スカイフォール』のベレニス・マルローが演じたセヴリンのガウンが圧倒的にセクシーだったと思います。

この作品でボンドが追うのは、NATO工作員の情報が入ったハードディスクを奪ったサイバー・テロリスト。セヴリンは彼がボンドに差し向けた女でした。ヒロインというよりも悪役でしたが、この黒髪のエキゾチックなフランスの女性は、それで片付けるにはあまりに美し過ぎました。彼女はマカオのカジノでボンドに接触してきます。

豪華なヨットにてシャンパンでボンドをもてなす時にセヴリンが着ていたのが、ベルギーの有名なランジェリー・デザイナー、カリーヌ・ギルソンの手によるサテン・シルクのローブです。クリーム色のなめらかな生地の袖と襟元、そして胸から足先にかけての縁取りにあしらわれた黒い花模様のレースが何ともドラマチックです。リボン結びのベルトの下からのぞくベレニス・マルローの長い脚までがレースに縁取りされているかのようでした。そこに包まれている美しい肉体についてのイマジネーションがふくらむ、センシュアルな一着です。この映画のセヴリンには悲劇的な結末が待っていますが、観客の心に残るのはその末路ではなく、ラグジュアリーなこのローブに包まれた彼女が、華麗にボンドを誘惑する姿の方ではないでしょうか。

ボンド・ガールはガウンを脱いでヌードにならなくても、いや、むしろならない方がセクシーな女優がふさわしいのかもしれません。

The Danish Girl
リリーのすべて

2015年／イギリス・ドイツ・アメリカ

監督：トム・フーパー

出演：エディ・レッドメイン、アリシア・ヴィカンダー、マティアス・スーナールツ、ベン・ウィショー

１９２６年、デンマークのコペンハーゲン。アイナーとゲルダは画家の夫妻。キャリアの差などで波風が立つことはあるものの、二人の愛は揺るぎのないものでした。しかし、夫のアイナーは密かにフェミニンなものに憧れていました。小さなことから彼の中に眠る欲望に火がつき、それは隠せないものになっていきます。きっかけは、妻ゲルダのためにバレリーナのモデルの代理を務めたことです。バレエの衣装を体に当てただけでしたが、その際にはいた絹のストッキングのなめらかな感触にアイナーは打ち震え、繊細なシューズに目を奪われてしまいます。そして決定打となったのは、妻が買ってきたサテンのナイトスリップでした。

柔らかな光沢を放つピンクのスリップは、レース・テープのストラップと少女らしいリボンがついた可愛らしいもの。妻の体を覆うそのスリップに彼はうっとりと手を滑らせます。翌日、パーティが終わった後に情熱を感じたゲルダがアイナーのシャツを脱がせようとした時に見たものは、彼がシャツの下につけた彼女のナイトスリップでした。最初は戸惑うゲルダでしたが、彼女は女もののスリップに身を包んだアイナーを抱きよせます。そしてまるで女性にするかのようにベッドに導き、優しくそのスリップを脱がせるのです。ゲルダにとってそれは、夫婦生活にちょっとした刺激を与える行為だったはず。しかし、アイナーにとっては大きな契機でした。アイナーはこれを機会に男性である自分にはっきりとした違和感を感じるようになり、本当の自分に目覚めていきます。

エディ・レッドメインがアイナーを演じた『リリーのすべて』は、世界で初めて性別適合手術を受けたリリー・エルベをモデルにした作品です。アイナーはこの後、ウィッグやメイク、ドレスによってリリーへと変貌を遂げていくのですが、その最初にあったのがランジェリーだという描写は興味深いものがあります。直に肌に触れるものである下着を通して、男性の服の下に隠した彼のアイデンティティが見えてくるのです。下着はその人の一番大切で脆いものを守り、かつ触発するもの。ランジェリーによって人生がまったく変わってしまったとしても、それは不思議ではありません。

ナイトスリップによって男性の〝夫〟を失うゲルダの役を演じたのはアリシア・ヴィカンダー。この役でアカデミー賞の助演女優賞に輝きました。彼女も素敵でしたが、あのナイトスリップは、彼女よりも可憐なエディ・レッドメインの方がお似合いでした。

Scarface
スカーフェイス

1983年／アメリカ
監督：ブライアン・デ・パルマ
出演：アル・パチーノ、スティーヴン・バウアー、ミシェル・ファイファー、メアリー・エリザベス・マストラントニオ

ブライアン・デ・パルマ監督の『スカーフェイス』は、キューバからアメリカのマイアミに亡命してきたトニー・モンタナ（アル・パチーノ）が、コカインの密売によってギャングの世界で成り上がっていく話です。この監督の作品らしい毒々しい魅力に満ちていますが、この映画で若手女優だった頃のミシェル・ファイファー演じるエルビラの魅惑的なファッションによって、今でもデザイナーたちのリソースとして使われる作品でもあります。

下っ端のギャングだった頃のトニーが一目で恋に落ちたのが、彼のボスの情婦であるエルビラでした。彼女のトレード・マークとなっているスタイルが、スリップ・ドレスです。ガラス張りのエレベーターで降りて来る登場シーンで、彼女は細いチェーンのストラップがついたエメラルド・グリーンのスリップ・ドレスを着ています。深いスリットの入ったそのドレスをノーブラで着たエルビラは鮮烈な印象を残します。スレンダーな肢体のミシェル・ファイファーだからこそのファッションで、まるでランジェリーで登場したようなインパクトがありました。猫のような瞳を際立たせるために前髪を切りそろえた金髪のボブ・スタイルも、この思い切ったスタイルに合っています。彼女はトニー・モンタナにとって夢の女。そのファンタジーはスリップのイメージと結びついています。

この出会いの時のスリップ・ドレスと対になっているのが、トニー・モンタナと結婚後にエルビラが自宅のバスルームで着るランジェリーのスリップです。バスルームといっても普通のお風呂ではなく、立派なクローゼットもあれば、エルビラのドレッサーも、バー・カウンターもテレビもある。設備が立派な上に、金と大理石で飾り立ててある、富の象徴のような部屋です。成金的悪趣味なこの巨大バスルームで、エルビラはモーヴ色の蝶のプリントが入った白いシルクのスリップを着ています。前に着ていたドレスと同じようなチェーンのストラップがついたこのスリップはフロントが開いているスタイルで、彼女は下に同じプリントのパンタロンのようなアンダー・パンツを穿いています。ランジェリーと部屋着の中間のようなスタイルです。自分の勢力拡大とお金にしか興味のないトニーにエルビラは既にうんざりしています。エルビラと弟分のマニーが去った後のバスルームで、一人虚しく葉巻をくわえながら泡風呂に浸かるトニー・モンタナの姿には忘れがたいものがあります。彼が追い求めた女はスリップを翻し、蝶の残像を残して部屋を出ていったのです。

A Most Violent Year

アメリカン・ドリーマー　理想の代償

2014年／アメリカ

監督：J・C・チャンダー

出演：オスカー・アイザック、ジェシカ・チャステイン、アレッサンドロ・ニヴォラ、
デヴィッド・オイェロウォ、アルバート・ブルックス

『アメリカン・ドリーマー 理想の代償』の舞台は１９８１年のニューヨーク。オスカー・アイザック演じる主人公アベルは、クリーンなビジネスを信条にオイル・カンパニーを経営してきたコロンビアからの移民一世。

成功をつかみ、事業を拡大しようとしていた矢先、姿の見えない敵から妨害を受けるようになります。トラックから積み荷であるオイルが何者かに強奪されるという事件が頻発。家族にも危害が及びそうになります。更には脱税の疑いをかけられ、銀行からも融資を引き上げられそうになります。そんな絶体絶命のアベルを支えるのが、妻のアナです。アナは理想主義者の夫と違い、自分たちの身を守るためなら悪事に手を染めることも厭わない強い女性。ジェシカ・チャステインにぴったりの役です。

１９８０年代のファッションでも話題だったこの社会派サスペンスで、チャステインが着ているのはアルマーニのヴィンテージです。会社の経理をこなし、ビジネスにおける交渉の席に夫と同席し、警察にも動じないアナにグラマラスでストイックなスタイルは似合っていました。アベルはアナの父からビジネスの基盤を受け継いだという設定。このオイル・カンパニーはアナにとってはファミリー・ビジネスで、夫任せにしておけないのです。彼の理想は、彼女の野望でもある。そんな強い女性は、服の下にどんなランジェリーをつけているのでしょうか。

セールスマンへの暴力が止まず、強奪犯に発砲してしまった自社のトラック運転手も行方不明。ビジネスをめぐる状況はひどくなる一方で、ボロボロになって帰宅した夫を迎えるアナは、寒そうな階段の踊り場でスリップの上にツィードのコートを羽織り、煙草を吸っています。彼女は夫を抱きしめて慰めるようなことはしません。涙を流しながらアナは不甲斐ない夫を責めます。

この時、アナが着ていたゴールドの贅沢なスリップは黒いレースで縁取りされたタフタ・シルクです。金色といっても淡いシャンパン・ゴールドではなく、主張の強いイエロー・ゴールドでした。滑らかな生地は暗い室内でも光沢を放ち、まるでメタルで出来ているかのようです。アナは鋼鉄の鎧の下にもろいハートを秘めている女性ではなく、内部も輝く金属のように強い。それが後半の展開で明らかになっていきます。綺麗事を語る夫の陰で、彼女が何をしてきたのか。

理想を守るためなら、時にダーティなことも出来る。あのスリップはそんなタフな女性にふさわしいものでした。

A Wild Sheep Chase

羊をめぐる冒険

1982年／日本

著者：村上春樹

親しい関係にあった女性と別れた時、男性の記憶に最後まで残るのは、女性のどんな部分なのでしょうか？　多分、声から先に忘れて、匂いや、輪郭や、小さなジュエリーや着ていたものも分からなくなっていくのでしょう。でも、そこに包まれた身体は忘れても、意外とランジェリーは覚えているものなのかもしれません。村上春樹の『羊をめぐる冒険』に出てくるスリップの話を思い出して、ふと、そんなことを考えました。『羊をめぐる冒険』は作者の初期三部作の最後の小説に当たる作品で、主人公は名前のない「僕」。「僕」は翻訳やＰＲを手がける小さな会社を大学時代の友人と営む男で、年齢は二十九歳。小説の導入部で、彼は若い妻と離婚しようとしています。彼女はもともと会社の手伝いに来ていた女性で、主人公と結婚した時は21歳でした。しかし他の男性と関係を持った彼女は、22歳で夫と別れようとします。１９７８年が舞台ということを考えると、当時の22歳は今よりもずっと大人っぽいのかもしれません。彼女がアパートを出ていった後、テーブルの向かい側にある誰もいない椅子をぼんやり眺めているうちに、主人公は「昔読んだアメリカの小説」を思い出します。

「妻に家出された夫が、食堂の向かいの椅子に彼女のスリップを何ヶ月もかけておく話だった」

この小説の作者は明かされないままなので、ひょっとしたら村上春樹の創作なのかもしれません。スリップをかけておくのは悪くないアイデアだと思い、主人公は寝室で妻のクローゼットを調べてみます。しかし彼女は自分の痕跡を消すように全てを持ち去った後でした。この後の展開の中で、主人公がかつての妻について詳細に思い出す場面はありません。スリップの輪郭さえ残さずに、彼女は消えてしまいます。代わりに、妻が着ていたはずのスリップについてはもう一度出てきます。彼は新しい恋人になった「耳のきれいな」21歳の女性に「ねえ、君はスリップを着ないのかい?」と尋ねます。彼女はスリップ自体を持っていないと言っていました。出版社のアルバイトと耳専門のモデルの仕事を掛け持ちしながら、更にコールガールの仕事もしている彼女はレースのいい下着は持っているようでしたが……。それにしても、こんな風に男性の記憶の中に残るスリップとはどんなものなのでしょう。いつもヒロインにコンサバで趣味のいい服を着せている村上春樹のことだから、そのスリップには飾りがなく、上質なシルクで、色はそう、黒に違いないと私は想像しています。

パッション

2012年／フランス・ドイツ

監督：ブライアン・デ・パルマ

出演：レイチェル・マクアダムス、ノオミ・ラパス、カロリーネ・ヘアフルト、ポール・アンダーソン

魅惑的で危険なタイプの女性キャラクターが映画に出てくると、彼女はドレスの下に何を着ているのだろうと気になります。他人には見せない、隠しているところに本当の姿があるのではないかとつい想像してしまうのです。

サスペンス映画の巨匠ブライアン・デ・パルマの映画には、そんな女性たちが多く登場します。『殺しのドレス』（1980年）のナンシー・アレン。『ボディ・ダブル』（1984年）のメラニー・グリフィス。『ファム・ファタール』（2002年）のレベッカ・ローミン＝ステイモス。『ブラック・ダリア』（2006年）のスカーレット・ヨハンソン。彼女たちはいずれも、黒いランジェリーを身にまとっていました。サスペンス映画の黒の下着は、ファム・ファタール（魔性の女）のシンボルでもあります。レイチェル・マクアダムスも『パッション』でデ・パルマの「黒いランジェリーの女」に仲間入りをしました。

『パッション』で彼女が演じるクリスティーンは、手練手管によって若くして広告会社の重役にまでのぼりつめた女。マクアダムスには可愛らしいイメージがありますが、出世作の『ミーン・ガールズ』（2004年）でも、高校を支配する女王様的なキャラクターを演じていました。クリスティーンは『ミーン・ガールズ』の策略家の〝クィーン・ビー〟、レジーナが成長した姿のようです。ノオミ・ラパス演じるアシスタントのイザベルにとって、クリスティーンは憧れと敬愛の対象でした。しかしその強い気持ちは、彼女に仕事の手柄と恋人を横取りされたことによって殺意へと転じていきます。贅沢なマンションの一室で男性を待つクリスティーンが身につけているのが、黒いガーター・ストッキングと黒のレースとオーガンジーのビスチエ、そして黒のブラジャーというセットでした。サスペンス映画の悪女が似合いそうなランジェリーですが、ストラップにリボンがあしらわれているところに絶妙な甘さがあって、レイチェル・マクアダムスによく似合っています。ランジェリーの上に羽織っているのはオリーブ・グリーンのヴェルヴェットのローブ。裏地と袖口はメタルのような光沢を放つ同じ色のサテンです。このローブ姿のマクアダムスはまるでエレガントなカマキリのように見えます。

しかし、〝捕食者〟のカマキリのようにパワフルに見えても、どこかもろく無防備に見えるのが、ランジェリー姿の不思議なところです。何か恐ろしいことが彼女を待ち構えているような気がして、ハラハラする。デ・パルマはブラック・ランジェリーとサスペンスの相乗効果を知り尽くしています。

column 1

コルセットに束縛されて

たっぷりとしたペチコートやレースのついたドロワーのボトムに、キャミソール。その上から鋼鉄や鯨ひげといったボーン素材を入れたコルセットをウエストにつけ、背部のハメに通した紐を小間使いたちが引っ張って、ウエストを細く細く締め上げる。南北戦争時代を舞台にした名作『風と共に去りぬ』(1939年)を代表として、映画で繰り返し描かれてきたシーンです。欧米の歴史劇の衣装には、コルセットが欠かせません。

『マリー・アントワネットに別れをつげて』(2012年)のプロモーションで来日した女優のレア・セドゥにインタビューしたことがあります。映画の舞台は18世紀末のフランス。彼女は王妃の朗読係の役でベルサイユの宮廷じゅうを駆け回り、大きく転ぶシーンもあります。コルセットをつけてそういう演技をするのは辛くなかったかと聞いたところ、彼女は「苦労は感じなかった」と涼しげに答えてくれました。映画の撮影中は休憩時間もコルセットを締めたままでいたので、すっかり慣れたと言うのです。

でも、レア・セドゥは稀なケースです。多くの女優がコルセットをつけることによって身体的な不自由や苦痛を味わったとインタビューで語っています。「コルセットは大嫌い!」と正直に言うのはソフィア・コッポラ監督の『マリー・アントワネット』(2006年)の撮影で苦しめられたキルステン・ダンスト。小トリアノン宮殿で田園風のドレスを着るシーンはコルセットを着けなくて済んだので、心底ほっとしたのだそう。しかし再びソフィア・コッポラと組んだ19世紀のアメリカ南部が舞台の映画『The Beguiled／ビガイルド 欲望のめざめ』（２０１７年）で、またもコルセットをつけることになりました。

この映画では、女子学園の生徒役の年若いキャストたちもみんなコルセットをつけています。「コルセットを着けると一時的に体型が変わるの。健康にいいとは思えないけど」とエル・ファニングもインタビューで語っていました。18世紀初頭の英国を舞台にした『女王陛下のお気に入り』（２０１８年）で初めてコルセットをつけて歴史劇に挑戦したエマ・ストーンは、撮影時は内臓の位置まで変わってしまったと言います。

19世紀末のレントゲン写真の発明以降、腹部を圧迫し、肋骨を変形させてしまうコルセットの危険性については幾度も言及されてきました。それでも「ウエストは細ければ細いほど美しい」という神話は根強く、１９４０年代にクリスチャン ディオールが細く絞ったウエストとフレア・スカートから成るニュー・ルックを発表すると、素材を変えてコルセットは復活します。

今では補正下着もバリエーションが増えて、普通の女性が日常的にコルセットをつけることはなくなりました。それでもファッションやコスチュームとしてコルセットを楽しむ人たちはいます。有名なバーレスク・ダンサーのディタ・フォン・ティースはその代表とも言える存在。何も着けなくても22インチ（約56センチ）という細いウエストは、コルセットを着用すると16インチ（約41センチ）にもなるそうです。

19世紀を舞台にしたジェーン・カンピオン監督の『ある貴婦人の肖像』（１９９６年）でヒロインのイザベルを演じたニコール・キッドマンも、コルセットでウエストを19インチ（約48センチ）まで絞り上げたといいます。彼女は『ムーラン・ルージュ』（2001年）でもキャバレーのスター、サディーンに扮して美しいコルセット姿を見せてくれましたが、ウエストを締め上げられたままで歌って踊るのは至難の技だったそうです。この映画でバズ・ラーマン監督のミューズになったキッドマンは、1940年代が舞台の彼の映画『オーストラリア』（2008年）にも主演。オーストラリアの牧場で暮らすイギリス貴族の女性を演じました。映画には彼女が美しい乗馬服で馬を乗りこなすシーンが多数ありますが、服の下にコルセットをつけていたため撮影時は非常に辛くて、馬上で気絶しかけたこともあるそうです。

ルキノ・ヴィスコンティの名作『山猫』（1963年）の舞踏会のシーンの撮影でも、コルセットをつけた女優のクラウディア・カルディナーレが何度も気絶したといいます。19世紀のシチリアの貴族の大宴会を再現するため、自然光にこだわったヴィスコンティ監督が室内に大量のロウソクを灯して撮影したので、セットはまるでサウナのような暑さでした。撮影後にカルディナーレがコルセットを外すと、ウエストラインに沿って血が滲んでいました。

こんな風にコルセットに苦しめられた女優たちは「身体的な苦痛や束縛を味わったことによって、その時代の女性たちのメンタリティを知ることが出来た」とよく口にします。自由に動くことも出来ず、呼吸すら困難。コルセットは長い間、女性の自立を阻む抑圧の象徴でした。歴史劇に登場する女優たちの細いウエストは何を意味するのか。ただ美しいと憧れるだけではなく、よく考えないといけないでしょう。

LINGERIE IN CINEMA

SCENE 2

少女は服の下から大人になっていく

Stoker

イノセント・ガーデン

2013年／アメリカ

監督：パク・チャヌク

出演：ミア・ワシコウスカ、ニコール・キッドマン、マシュー・グード

スリップという響きからは、シルクやレースをまとったセクシーな大人の女性が連想されます。一方、シュミーズという言葉で私が思い浮かべるのは、純粋無垢な少女の姿です。同じ肌着でも服のラインをきれいに出すことが目的の一つにあるスリップに対して、シュミーズはゆるやかに体を覆うからでしょうか。

『オールド・ボーイ』(2003年)や『親切なクムジャさん』(2005年)で知られるパク・チャヌク監督のアメリカ進出作『イノセント・ガーデン』の冒頭に出てくるミア・ワシコウスカの姿は、まさしく清純な少女そのもの。彼女が演じるインディアはアイボリー色のコットンのシュミーズに古風なサドルシューズという格好で、屋敷の広大な庭園をさまよい歩いています。感性が鋭く、周囲に馴染めない彼女は十八歳になってもシュミーズが似合う少女のままです。インディアの世界は、彼女の唯一の理解者だった父親が亡くなり、長年会うことのなかったハンサムな叔父が屋敷を訪ねてきたことで崩壊していきます。

インディアの美しい母親、エヴィを演じるのはニコール・キッドマン。インディアが少女の世界から抜け出せない理由の一つは、この母親です。エヴィは娘など存在しないかのように振る舞い、かつ無言でインディアを抑圧します。二人が暮らす丘の上の大邸宅はどこか閉鎖的で、周囲から切り離された世界です。そんな環境で育まれた母と娘の息がつまるような関係を象徴しているのが、エヴィが娘に自分の髪をブラッシングさせるシーンでした。

このシーンで、母と娘はまったく同じ型のシルクのスリップを着ています。胸元にレースがあしらわれた古風なスタイルのこのスリップは、ニューヨークのマディソン・アベニューに小さなブティックを持っている「ペレス」という老舗のランジェリー・メーカーのものだそうです。

母が娘と自分の境界線を分かっていないこと。シュミーズが似合うはずの幼いインディアが本当は母と同じように女であり、今にも成長して毒々しい花を咲かせようとしていること。ほんの少しだけシルクの色のトーンが違う二着のスリップは、様々なことを物語っています。暗赤色の壁をバックにしたこの危険なまでに美しいシーンは、バルテュスの絵画を意識したものだそうです。ビジュアリストのパク・チャヌクらしいセンスです。

シュミーズからスリップへというランジェリーの変化に、少女が大人へと花開いていく瞬間が封じ込められていました。

Easy A

小悪魔はなぜモテる?!

2010年／アメリカ

監督：ウィル・グラック

出演：エマ・ストーン、ペン・バッジリー、アマンダ・バインズ、カム・ジガンディ、トーマス・ヘイデン・チャーチ

アメリカのハイスクールが舞台のコメディ映画『小悪魔はなぜモテる?!』の主人公オリーヴは、恋愛に縁のない地味な高校生です。校内でも目立たない存在でしたが、幼なじみからあるお願いをされてしまったことから、彼女の悪名が学校中に轟くことになります。

「オリーヴって女の子は誰とでも寝るんだって」

本当のオリーヴはまだセックスの経験ゼロなのに！　お人好しのせいでとんでもないことを引き受けてしまったと気がついたオリーヴでしたが、わざわざ弁明するようなことはせず、逆に開き直ってみんなが考えるままの彼女の姿で通学しようと決めるのです。その時にオリーヴが選んだ服装が黒いレースのビスチェでした。ビクトリア調を意識したデザインなのか、リボンやフリルがあしらってある少しデコラティブなものでしたが、黒だからそんなに甘い雰囲気はありません。ちょうどその時に文学の授業で習っていたナサニエル・ホーソーンによる19世紀のゴシック・ロマン小説『緋文字(ひもんじ)』を意識して、彼女はそのビスチェの胸元にアルファベットのAをかたどった赤いワッペンを縫いつけます。ホーソーンの小説では、夫に家出された主婦が不義の子供を産んだことで、姦通の罪を犯した女の象徴であるA（adulteress）の字がついた服を着せられるのですが、オリーヴは逆に自分でそのAの文字を身につけることで、自分の行動を恥じたりしない強い女の子像を演出するのです。明るい青春コメディですが、セクシーであるべき／清純であるべき、という相反する要求を若い女性に突きつけてプレッシャーをかける世の中を笑い飛ばす痛快な作品でもあります。ヒロインのオリーヴを演じたのは、ブレイク直前だった頃のエマ・ストーン。勝気でユーモラスな役が似合っていました。オリーヴは黒いビスチェにブラックジーンズと模造パールのネックレスを合わせ、黒いサングラスをかけて堂々と登校します。地味な存在だった彼女が、見られることによって大胆に変化していきます。そのスタイルはまるで、80年代の下着ファッションの頃のマドンナを思わせます。マドンナがビスチエ・ファッションを流行らせた時代、アメリカではハイスクールにビスチェで通おうとする女子生徒たちが大勢いて、学校側が取り締まるのに大変に苦労したという話を聞いたことがあります。この映画のヒロインのファッションはそのクールな現代版。これを見て、オリーヴのファッションを真似したいと思ったティーンも少なくないに違いありません。

Picnic at Hanging Rock
ピクニック at ハンギング・ロック

1975年／オーストラリア
監督：ピーター・ウィアー
出演：レイチェル・ロバーツ、アン・ランバート、ドミニク・ガード

耽美的な傑作『ピクニック at ハンギング・ロック』の舞台は1900年のオーストラリア南東部です。映画は2月14日、バレンタインの朝から始まります。南半球のオーストラリアのバレンタインは日差しが降り注ぐ夏の日です。アップルヤード女学校の寄宿舎では、ピクニックに行くために少女たちが身支度をしています。彼女たちはシュミーズや純白のネグリジェのまま白い盥（たらい）に清潔な水を注いで顔を洗い、リボンで髪を結います。少女たちのプライベートをのぞいてしまったかのような後ろめたい背徳感さえ感じる、美しいシーンです。レースの肌着の上からつけたコルセットの紐を、少女たちが協力して締め合うシーンが取り分け印象的でした。体を締めつけるコルセットは忍従と抑圧を物語る小道具ですが、それぞれのコルセットをつけるのを手伝う女生徒たちの姿からは、彼女たちの親密な関係性が伺えるようです。

　女生徒たちは女性教師とバレンタインのピクニックに岩山に行きます。生徒たちはみんな白いレースのついたフリルのドレスを着ていますが、ディテールがそれぞれ違うところを見ると本当の制服ではないのかもしれません。彼女たちが共通して身につけているのは、黒いリボンのついたストロー・ハットと黒い靴下とブーツ、そして服の下のコルセットです。

岩山でくつろぐ少女たちに不思議なことが起きます。時計が12時を指したまま針が止まる中、岩山の測定に行った四人の女生徒のうち、三人が忽然と姿を消してしまうのです。まるで少女の美しさに魅せられた神々が、彼女たちを神秘の世界に連れ去ってしまったかのようでした。少女たちが何かに誘われたかのように岩山の奥深くに入り込んでいくうちに、靴と靴下を脱いでしまうシーンが何とも官能的です。唯一、泣きながら戻ってきた少女は、厳格な女性教師がスカートを脱いで下着姿で山を登っていくところを目撃したと証言します。この教師も帰ってくることはありませんでした。

事件から一週間後、行方不明になった少女の一人が岩山で発見されます。彼女には失踪した日の記憶はなく、その服の下のコルセットはどこかに消えていました。さらに悲劇が相次いで、アップルヤード女学校は閉鎖を余儀なくされます。少女たちの失踪と共に何かが永遠に失われたのです。彼女たちがお互いに締めあったコルセットは、美しい少女たちを現実世界につなぎとめる杭のような役割をしていたのかもしれません。

The Neon Demon
ネオン・デーモン

2016年／アメリカ・フランス・デンマーク

監督：ニコラス・ウィンディング・レフン

出演：エル・ファニング、カール・グルスマン、ジェナ・マローン、ベラ・ヒースコート、キアヌ・リーヴス

「彼女には何かがある」

ニコラス・ウィンディング・レフン監督のサイコ・スリラー『ネオン・デーモン』で、田舎から出てきた駆け出しモデルの十六歳、ジェシーに寄せられたそんな賛辞を聞いて、先輩モデルのサラはこう言って鼻であしらおうとします。

「若くて痩せているってだけじゃない」。サラは内心、若手のモデルに脅威を感じているのです。仲間のモデル、ジジに彼女の〝賞味期限〟は切れかかっていると告げて、サラは残酷なことを口にします。

「新鮮なミルクが手に入るのに、誰が腐った肉なんか欲しがるの」

レフン監督の残酷なファンタジーのようなこの映画では、「若い」ということがモデル業界で何よりも尊ばれることとして描かれています。それが顕著なのが、ジェシーが他のモデルたちと共にファッション・ショーのオーディションを受けるシーン。選考する会場にはパイプ椅子に座った美しいモデルがずらりと並びます。全員がハイヒール以外、身につけているのはブラジャーとショーツというランジェリー姿。プロポーションを見せるにはそれが一番という意図なのでしょうが、危険な雰囲気も漂う場面です。特に、年若いエル・ファニングが演じるジェシーのランジェリー姿には、見てはいけないものを見てしまっているかのような背徳感があります。他のモデルが洗練された黒いランジェリー姿なのに対し、彼女はサーモン・ピンクのブラとパンティ。それはミルク色の肌を引き立て、十代の彼女には似合っていますが、いかにも〝下着〟という感じです。本来ならば制服やドレスの下にあって、彼女がそれを着ているということを想像することさえためらわれるような。少女の無垢が放つ繊細な輝きに、汚れた大人たちが甘い匂いに誘われた昆虫のように群がってきます。有名カメラマンとのプライベート・フォト・セッションでも、ジェシーはワンピースとスニーカーを脱がされて、気がついたらピンクの下着だけの姿で立っています。オーディションでは、デザイナーがまだティーンのジェシーを見て息を呑みます。見せるランジェリーではないからこその美しさ。デザイナーやカメラマンがジェシーのような少女に求めたのは、若さ以上にそんなイノセンスなのでしょう。そんな清純な美しさは、人目にさらされた途端に潰えてしまいます。可愛らしい少女の心は欲望で汚され、気がつくとピンクのブラが似合わない毒々しい女性になってしまう。エル・ファニングがキュートなだけに、そこが悲しく、怖いのです。

The Runaways
ランナウェイズ

2010年／アメリカ
監督：フローリア・シジスモンディ
出演：クリステン・スチュワート、ダコタ・ファニング、マイケル・シャノン、
ステラ・メイヴ、スカウト・テイラー＝コンプトン

チェ、チェ、チェ、チェ、チェ、チェリー・ボンブ！

このフレーズでお馴染み、70年代の終わりに登場したオール・ガールズ・バンドのザ・ランナウェイズのヒット曲「チェリー・ボンブ」は一度聞いたら忘れられないほどインパクトが強い曲です。それを歌っているボーカルのシェリー・カーリーのコスチュームも、同じくらい鮮烈な印象を残します。このバンドのボーカル・オーディションに受かった時、シェリーは十五歳。まだティーンエイジャーの彼女が自分でステージのコスチュームに選んだのは、フロントを黒いストリングスで留めた白いコルセット・ビスチェとパンティ、レース付きのガーターに網タイツというスタイルでした。あまりに挑発的でセクシーなこのシェリーのコスチュームで、ザ・ランナウェイズはロック史にその名を刻みました。

バンドの結成と成功、そして解散を描く『ランナウェイズ』では、ダコタ・ファニングがシェリー・カーリーを演じ、金髪をシェリーに似せたレイヤー・カットにしてこのビスチェに身を包みました。天才子役として知られていた彼女の思い切ったイメージ・チェンジです。

シェリー・カーリーの姿は当時の日本でも話題になり、ザ・ランナウェイズが来日した際は、写真家の篠山紀信がこのステージ衣装のシェリー・カーリーを撮影しています。

この時のグラビアは世界的にも有名で、映画でも撮影シーンが再現されていました。カメラマンを演じた俳優も篠山紀信そっくりのアフロ・ヘアです。栄光の頂点とも言えるこの日本公演の後、バンドの女子たちの人間関係は上手くいかなくなり、シェリーはバンドを脱退することになります。

今ではザ・ランナウェイズはプロデューサーのキム・フォーリーに操られ、搾取されたバンドとして知られています。映画ではマイケル・シャノンが十代の小娘であるメンバーたちを抑圧するフォーリーを毒々しく演じています。シェリーのランジェリーの衣装もそのため、一時期は徒花的な扱いを受けていました。

しかし、ザ・ランナウェイズがガールズ・バンドの草分け的な存在であることに変わりはありません。ランジェリーの衣装はただステージにおけるショッキングな効果を狙っただけのキワモノの衣装ではない、女の子の反逆のスタイルになったのです。

マドンナやコートニー・ラブといったロック・シンガーたちがシェリーに続きました。ステージで着るランジェリーは、ロックを歌う女の子たちの特権なのです。

Tangerine

タンジェリン

2018年／アメリカ

著者：クリスティン・マンガン

新人作家クリスティン・マンガンのデビュー作『タンジェリン』は1956年、モロッコの都市タンジールを舞台にしたサスペンスです。ヒロインの一人、アリスは新婚の人妻。夫のジョンに請われてアメリカから北アフリカの異国までついてきたアリスですが、夫の仕事についてもはっきりとは知らず、街にも馴染めず、屋敷にこもって孤独に暮らしていました。そこに、彼女の大学時代の親友であるルーシーが訪ねてきます。二人は女子大のルームメイトでしたが、ある事件をきっかけに疎遠になっていました。ルーシーのアリスへの思慕は執着に近く、アリスを苦しめます。過去の因縁が影を落とす二人の関係は、やがてモロッコでも悲劇を招くことになります。同居していた頃のアリスとルーシーのルックスは対照的です。両親を亡くした孤独な令嬢であるルーシーは金髪で、いつも上品なワンピースを着ています。一方、奨学金を得て名門の女子大学に入学したルーシーは肉感的で、大人っぽいスーツが似合うタイプ。ある時、アリスはルーシーが着替えている様子を見て、その豊満な肉体に圧倒されます。

「ルーシーは着ていたブラウスを頭から脱ぎ、ブラとパンティ、そしてガードルではなくストッキングを留めているガーターベルトだけという姿になった」

50年代のアメリカでは、きちんとした家庭の女性はガードルを身につけるのが当たり前だと思われていました。当時のパーティ・ファッションの主流は、ウエストがキュッと締まったフォルム。コルセットとガードルで作った細いウエストは上流階級的だと思われ、〝ワスプ（白人エリート支配層）・ウエスト〟と呼ばれていたほどです。ガーターベルトだけのルーシーが大胆な女性であること、アリスとは違う社会階層に属していることが伝わってきます。

「私は急に、ルーシーの肌の露出具合を意識した。ブラとパンティは色合いの異なる白で、よくある流行のものだった——無地で、シンプルなレースの飾りがへそのすぐ下あたりについている。ブラもあまり飾り立てたものではなく、白い花がひとつ胸のあいだについているだけだ」

この描写からも分かる通り、ルーシーのランジェリーはごくシンプルなもの。その飾りのなさも、アリスには彼女の自信の表れに見えます。しかしルーシーはタンジールからの小旅行で、アリスもまたガードルを外していることに気がつきます。はっきりと分かれていた二人の個性が曖昧になるミステリアスで危険な瞬間を、下着が物語っているのです。

Pulp Fiction

パルプ・フィクション

1994年／アメリカ

監督：クエンティン・タランティーノ

出演：ジョン・トラヴォルタ、ユマ・サーマン、サミュエル・L・ジャクソン、ブルース・ウィリス

ギャングのボスの妻の面倒を見ることになった男。八百長試合を持ちかけられたボクサー。うっかり情報屋の頭を撃ってしまったギャングの二人組。いくつもの物語が交錯する『パルプ・フィクション』はクエンティン・タランティーノ監督の代表作の一つです。この映画で取り分け大きな印象を残すのが、宣伝ポスターにも登場したユマ・サーマン。彼女は黒いボブヘアのウィッグをつけて、ギャングの大物の若い妻、ミアを演じていました。ボスから彼女の世話を頼まれた下っ端ギャングのヴィンセントを演じたのは、ジョン・トラヴォルタです。ディスコ映画『サタデー・ナイト・フィーバー』（1977年）でスターになった彼を踊らせない手はないとタランティーノは考えたのでしょう。ミアとヴィンセントが映画をテーマにしたクラブでダンスする場面は、映画史に残る屈指の名シーンです。その時のミアは男物の白いシャツに黒いパンツというスタイル。

そんなシンプルなファッションをとびきりセクシーに見せていたのが、シャツから透けて見える黒いブラでした。ミアがシャツの胸元を大きく開けているところをみると、このブラはただの下着ではなく、見せることを想定したコーディネートの一部なのでしょう。

楽しい夜はクラブのシーンの後、とあるアクシデントで急転直下。ヴィンセントは彼女のシャツを脱がせざるを得なくなります。と言っても、セクシーな意味合いではありません。ミアの命を救うために他の選択肢がなかったからです。彼女がヴィンセントのポケットから見つけてコカインと勘違いして鼻から吸引した白い粉末は、実はヘロイン。ミアは過剰摂取で心臓停止状態に陥ります。助けるためには、心臓に直接注射を打つ必要があります。医者を呼ぶことが出来ないギャングたちは、自分たちでそれを実行しようとするのですが……。

シャツを脱がせるとミアが身につけていたのは普通のブラジャーではなく、白いポップなプリント柄のビスチェ・ブラであることが判明します。シャツなしでも、これだけで立派なファッションになりそうです。クールに見えてもミアはまだ若く、遊びたい年頃。このビスチェ・ブラは白いシャツと黒いパンツが似合うファム・ファタールの裏に隠された、彼女の意外な真実を物語っているのかもしれません。

この映画で23歳のユマ・サーマンはタランティーノのミューズとなり、90年代映画のアイコンと言える存在になりました。二人のコラボレーションは『キル・ビル』（2003年、2004年）二部作を生むことになるのです。

An Education

17歳の肖像

2009年／イギリス

監督：ロネ・シェルフィグ

出演：キャリー・マリガン、ピーター・サースガード、ドミニク・クーパー、ロザムンド・パイク

今の自分を取り巻く環境も、年齢による制限も飛び越えて、みんなよりも一足早く大人になりたい。一見、地味な優等生に見える少女の中にも、そんな欲望が潜んでいたりするものです。

1960年代のイギリスを舞台にした『17歳の肖像』のヒロインのジェニーもそんな女の子。労働者階級から努力して中流にまで上ってきた彼女の両親は、ジェニーを一流大学のオックスフォードに進学させて、自分たちよりも高みを目指してもらいたいと考えています。でも、フランスの小説や音楽が好きなジェニーが夢見ているのは、パリに行くこと。そんな願いを叶えてくれそうな男性と彼女は偶然に出会います。雨の日に車で彼女を家まで送ってくれたデイヴィッドです。彼は女子高生の彼女とは倍も歳の離れた男性だけど、美術品のオークション会場や高級レストランにジェニーを連れて行ってくれて、彼女に贅沢な大人の世界をのぞかせてくれます。何を本当の生業にしているのか分からない、ほんの少し危険な雰囲気の漂うデイヴィッドにジェニーは惹かれていくのです。

ジェニーを演じるキャリー・マリガンはグレイのジャケットの制服が似合っていて、いかにもあどけない少女という風情。制服の下には清潔なコットンのシュミーズを着ていそうです。それがデイヴィッドの手にかかって、見る見るうちに洗練されたレディになっていきます。ドレスやメイク、新しいヘアスタイル以上にジェニーの変化が分かるのがランジェリーです。

二人きりで訪れたパリでの最初の夜にジェニーが着ていたのは、大人っぽいシルクのスリップでした。淡いゴールドのレースがバストにあしらわれたローズ色のスリップはエレガントで、ジェニーの夢見ていたパリのイメージと重なります。初めて男性と過ごした夜に感じた小さな失望とアンニュイな風情が、それを着た彼女を一層大人に見せています。

ジェニーはこのパリ旅行で大人の女性になる〝教育〟（映画の原題：An Education）は終了したと考えていたかもしれませんが、この後、彼女にはもっと苦いレッスンが待っていました。一足飛びに大人になろうとした少女たちは、他の娘がだんだんと分かっていくことをもっと悲しい形で突きつけられるのです。それは恋の夢だけではなく、両親に抱いていた信頼も打ち砕くような悲しい真実でした。十代の背伸びは年上の男性との恋愛ではなくて、制服の下にこっそり身につける美しいスリップくらいで十分なのかもしれません。

column

2

フランス映画のヒロインの下着

『momo life』で『ランジェリー・イン・シネマ』の連載をしている時は、読んでくれた人が手に取りやすい作品を紹介したいと思っていました。そのため、当時レンタルで取り扱いがないものや、ネットで配信されていない作品は後回しにする傾向がありました。取り上げられなかった映画の中には、悔いが残るものも何本かあります。ハリウッドのメジャー作品だけではなく、フランス映画の女優たちが着ているランジェリーについても、本当は語りたかった。コルセットが似合うキュートな時代のブリジット・バルドーの初期作品も、スリップ姿でけだるげな魅力を漂わせるジャンヌ・モローについても、残念ながら書くチャンスはありませんでした。

50年代のヨーロッパ映画の下着シーンでは、ストラップレスの半カップのブラジャーやコルセットをよく見かけます。バストの下部を持ち上げる形のこの半カップのブラは、形状がアパートの小さなバルコニーを思わせることからバルコネットと呼ばれています。元祖プッシュアップ・ブラとして有名なバルコネットの特許を持っていたのが、当時のフランスで人気のデザイナー、マダム・カルヴェン。マダム・カルヴェンことマリー＝ルイーズ・カルヴェンでした。マダム・カルヴェンのために下着をデザインしていたのが、マリー＝ローズ・ルビコットです。ルビコットのデザインするランジェリーは、映画でも人気でした。彼女はジャック・ベッケル監督の映画『肉体の冠』（1951年）や『エストラパード街』（1952年）で、ランジェリーのデザイナーとして名前がクレジットされています。『肉体の冠』でシモーヌ・シニョレが演じた娼婦マリーの魅力は、ルビゴットの手がけた魅惑的なビスチェやネグリジェに負うところも大きいのではないでしょうか。私がジャック・ベッケルの映画に出てくるルビゴットのランジェリーで好きなのが『エドワールとキャロリーヌ』（1951年）で、ヒロインのキャロリーヌを演じるアンヌ・ヴェルノンが着ていたストラップレスのビスチェ・スリップです。新婚カップルが室内でパーティの前に夫婦喧嘩をしているような他愛のないコメディですが、ランジェリー姿のヴェルノンがとにかく愛らしい！　是非とも紹介したいと思ったのですが、セット販売しているＤＶＤでしか見られないことが判明して、断念しました。機会があったら、ぜひ見て欲しいキュートな映画です。

他にも下着が素敵なフランス映画は枚挙にいとまがありませんが、私がとりわけ好きなのが、エリック・ロメール監督の作品に出てくるヒロインたちの飾り気のない、シンプルな下着の数々です。

男女の恋愛の機微を描くのに長けているロメールの映画。彼の作品に出てくる南仏のバカンスやパリの街並みのキラキラした雰囲気が好きだという人も多いのではないでしょうか。カフェや室内、そして開放的な夏のビーチや別荘のシーンがふんだんなので当然、ランジェリーや部屋着のシーンも多くなります。『海辺のポーリーヌ』（1983年）の冒頭で、起き抜けのヒロインが着ている白いナイティ。『飛行士の妻』（1980年）でマリー・リヴィエールが着ていたコットン・ニットのキャミソール。彼女が着ていたスリップ・ドレスのような水玉のネグリジェも背中にシャーリングが入っているところがさりげなくおしゃれでした。『満月の夜』（1984年）でパスカル・オジェが演じるヒロインのルイーズはインテリア・デザイナー。彼女の住むアパルトマンがとにかく素敵なのですが、そこでルイーズが着ている部屋着やランジェリーの数々、特に胸元に蝶のようなパターンのレースがあしらわれたスリップとショーツのセットは忘れられません。高く結い上げた彼女のヘアスタイルにも似合っていて、独特の雰囲気がありました。『愛の昼下がり』（1972年）に出てくるズーズーはランジェリーの上級者！　黒いナイロンのボディスーツを素敵に着こなしています。

　エリック・ロメールの映画を見ると、ここに出てくる女性たちのようなシンプルなサマー・ワンピースが欲しい！と思ってしまいます。でも、実際に探してみると、彼の映画のヒロインたちが着ているようなセンスのいい服は、なかなか見つかりません。ランジェリーも同じです。〝ロメールの映画に出てくるようなランジェリー〟を私はいつも探しています。

LINGERIE IN CINEMA

SCENE 3

恋するために最初に着るもの

True Romance

トゥルー・ロマンス

1993年／アメリカ

監督：トニー・スコット

出演：クリスチャン・スレイター、パトリシア・アークエット、デニス・ホッパー、ブラッド・ピット

ランジェリーをファッションの一部に取り入れる。もはや珍しいことではありませんが、それをして様になるのは、堂々としていて自分のスタイルというものを知り尽くしている女性という感じがします。ランジェリーを見せているということに自意識過剰になってもいけないし、あまりにもこれ見よがしでセクシーさを強調し過ぎても、何だかしらけてしまう。周囲のことなんか気にしないあっけらかんとした大胆さと、天使のような無邪気さ。新人時代のクエンティン・タランティーノが脚本を務め、トニー・スコットが監督した『トゥルー・ロマンス』のヒロインであるアラバマは、ランジェリーを見せるお洒落をする女の子にふさわしいキャラクターでした。アラバマを演じたパトリシア・アークエットはこの映画で一気に有名になります。映画マニアのコミック・ショップ店員クラレンスの前に現れたアラバマは、フェイクファーのコートに赤いホルターネックのミニドレスというスタイル。肩や胸からのぞく黒いブラジャーが、コーディネートの一部になっています。クラレンスは偶然の出会いにときめきますが、実のところ彼女は、コミック・ショップの店長に雇われてバースデー・プレゼントとしてクラレンスに提供されたコールガールでした。でも、二人はたった一晩で本当の恋に落ちてしまいます。翌日には役所で結婚、アラバマを搾取するヒモの男を銃で殺して荷物を奪った若い夫婦の逃避行が始まります。

極寒のデトロイトから太陽の輝くロサンゼルスへと逃げる途中、路上で人目も構わずアラバマが服を着替えるシーンが印象的でした。ホルスタイン柄のミニスカートの上はターコイズ・ブルーのブラジャーだけ。ブラと色を合わせたフレームのカラーのサングラスと幅広のベルトも決まっていました。それだけで様になっていたのだからすごい。きっとアラバマは、ランジェリーの色から逆算して全体のコーディネートを決めたという設定なのでしょう。彼女はそのターコイズのブラに最初、水玉柄のフリルブラウスを合わせています。ロスに着いた時はボトムをピンクのヒョウ柄のスパッツに替えて、上には淡いブルーのシースルーのオフショルダー・ブラウスを着ています。もちろんこれも下につけたターコイズ色のブラジャーありきのスタイル。若々しくてワイルドなのに、どこかキュートなこのコーディネートは、いまだにファッションとしてランジェリーを見せる時の一つの指針となっています。このスタイルで夫のために戦うアラバマを演じたパトリシア・アークエットは輝いていました。

Une femme est une femme

女は女である

1961年／フランス・イタリア

監督：ジャン=リュック・ゴダール

出演：ジャン=ポール・ベルモンド、アンナ・カリーナ、ジャン=クロード・ブリアリ

世の中にキュートな女優は数多くいますが、60年代のジャン＝リュック・ゴダールの映画に出ている時のアンナ・カリーナを見ていると、彼女ほど自分が〝可愛い女の子〟であることをエンジョイしている女優はいない！と思ってしまいます。中でも1961年に作られた『女は女である』のカリーナは本当に可愛らしい。この映画を撮った時、ゴダールとカリーナは結婚したばかりでした。「私を素敵に撮って！」という新妻に、監督がにっこり笑って応えている図が浮かぶようなスウィートな作品に仕上がっています。

この作品でアンナ・カリーナが演じるアンジェラは、パリで恋人と暮らすストリップ・ダンサー。でも、ストリップといっても少女がカフェで音楽劇の真似事をしているような愛らしいものです。店にはちゃんとしたステージもありません。ミュージカル・スターに憧れているアンジェラは出番がくると自分でオープンリールのテープを回し、音楽にのって登場します。その時の彼女の衣装は赤いボンボンつきの水平帽にセーラーカラーのブラウス、白いプリーツスカートというスタイル。世間的なストリップ嬢とはかけ離れたファッションです。アンジェラがミシェル・ルグランの素敵な曲に乗ってコケティッシュに踊って歌いながら、少しずつ服を脱いでいくこのシーンは映画のハイライトです。

「私はひどい女だけど、誰も怒らない／だって私はきれいだから」そんな歌詞の曲を歌っても嫌みにならないのは、アンナ・カリーナの無敵の可愛さ故でしょう。

アンジェラがブラウスの下に着ているランジェリーは、赤いリボンのついたビスチェと揃いのドロワーズ（ズボン型のゆったりとした下穿き）。何ともガーリーです。それに真っ赤なタイツを合わせているところもユニークでした。

このランジェリーに限らず、『女は女である』のアンナ・カリーナのスタイリングは大変に印象的です。この映画の彼女を見て、真っ赤なカーディガンに緑のチェックのスカート、赤いタイツというコーディネートを真似したくなる人も少なくないのでは。当時のゴダールは流行に敏感で、気に入ったファッションの女の子を街で見かけると呼び止め、そのアイテムを買った店などを聞いて自分の映画の衣装に取り入れていたといいます。

このビスチェもどこかで見かけて「アンナに似合うに違いない！」と思ったのでしょうか？ 日本では恋人にランジェリーをプレゼントする男子は少ないけど、これくらい愛らしいデザインのものなら送ってもいやらしくないのでは。

Barefoot in the Park

裸足で散歩

1967年／アメリカ

監督：ジーン・サックス

出演：ロバート・レッドフォード、ジェーン・フォンダ、シャルル・ボワイエ、ミルドレッド・ナトウィック

『裸足で散歩』の冒頭。マンハッタンの町並みを走るレトロな馬車の後部座席で寄り添う美男美女は、若き日のロバート・レッドフォードとジェーン・フォンダです。街ゆく人にフォンダが「私たち、結婚したの！」と宣言する通り、二人が演じるポールとコリーは新婚カップル。

この作品は少し生真面目な新米弁護士と気ままなその妻の関係をユーモラスに描くコメディで、60年代らしいファッションも楽しめる可愛い映画です。原作はブロードウェイで洒落たコメディを書いてきたニール・サイモンの舞台劇。60年代当時のニューヨークの雰囲気が伝わってきます。

この作品でコリーを演じるフォンダは本当にキュートでセクシーでした。この頃のジェーン・フォンダはぴたっとしたタートルネックのセーターとコーデュロイのパンツが似合う、砂時計のように完璧なスタイルの持ち主。加えて、新婚という設定なので、リラックスした部屋着やランジェリー姿もふんだんに見せてくれます。どのシーンでもきちんとスーツを着ている夫役のレッドフォードとは対照的です。コリーは大胆にも男性用のパジャマのトップスだけという姿でハネムーン先のホテルの廊下に出てきて、出勤前のポールにキスをねだります。甘いムードを楽しみたい新妻と、これからの生活を守るために働かなければいけないと決心を固くする夫のすれ違いが見え始めたのは、新居のアパートメントに越してきた後のことです。アパートの部屋は天窓のガラスが割れて穴が空いているというのに、コリーはコーデュロイのパンツの上にシャツさえ羽織らず、ブラジャー姿で夫を出迎えます。ポールに弁護士として初の大仕事が舞い込んだ時も、コリーはその喜びに続く情熱的な夜を期待して、ピンクのサテンリボンがついた黒のベビードールを自分の胸に押し当て、新婚の夫に迫るのです。コリーがそのベビードールをウエストに挟んで南洋風のダンスを踊り、つれない返事をするポールをどうにか誘惑しようとするシーンは可愛くもコミカルでした。

しかし、彼女が期待したようなことは起こらず、二人の距離は遠ざかっていきます。恋人から本当のパートナーになる時に訪れる試練です。

映画の最後には、コリーはポールに合わせて少し大人になることを、ポールはコリーのように少し自由に振る舞うことを学ぶのですが、コリーがあのベビードールを着ているところも見てみたかったと思います。あの頃のジェーン・フォンダに本当に似合いそうな可愛いデザインだったので。

Love Actually

ラブ・アクチュアリー

2003年／イギリス・アメリカ

監督：リチャード・カーティス

出演：ヒュー・グラント、リーアム・ニーソン、コリン・ファース、ローラ・リニー
アラン・リックマン、エマ・トンプソン、ハイク・マカッシュ

すっかりクリスマス映画の定番となった『ラブ・アクチュアリー』。クリスマスに向けて、ロンドンを中心に様々な場所で多数のラブ・ストーリーが交錯する群集劇ですが、ハッピーな物語に混じって、時折ビターな話があるのも印象的でした。デザイン会社社長のハリー（アラン・リックマン）とその妻カレン（エマ・トンプソン）という、キャストの中では大人の部類に入る二人の物語もそうです。二人は愛し合う仲のいい夫婦ですが、長く付き合っていると色々とあるもの。デイヴィッドは自分の会社の秘書、ミア（ハイケ・マカッシュ）が気になって仕方がありません。彼女の姿を見ると、すっかり分別をなくしてしまいます。ショートボブに青い瞳のミアはかなりの小悪魔キャラ。ミニスカートがよく似合います。会社でクリスマス・パーティの話が持ち上がった時、デイヴィッドはつい彼女に「君がマッチョの彼氏なんか連れてくるところなんか見たくない」と言ってしまいます。この告白に彼女は驚くどころか、思わせぶりな態度で「宿り木（やどりぎ）の下で社長がキスしてくれるのを待ちます」と誘惑めいた言葉を残して、デイヴィッドの心をかき乱します。この会話、今なら上司と部下が仕事場でするには不適切なやりとりだと非難されそうです。

クリスマス・パーティの当日、ミアが着て来たのは真っ赤なサテンのホルターネックのドレスでした。彼女が自分に自信がある女性なのは間違いがありません。頭にはサンタ帽ではなく、挑発的に悪魔のツノがついたヘッドドレスをつけています。夫の付き合いで来たパーティで彼女と夫がダンスする様子を見たカレンには、悪い予感しかありません。その夜、カレンは夫に「彼女には気をつけて」と警告します。

映画はそんな夫婦の会話の後で、一人で部屋に戻ったミアの姿を映し出します。サテンのドレスを脱ぎ捨てたミアのランジェリーは、そのドレスと同じ色のレースのブラジャーとショーツのセット。短いシーンですが、目を奪われます。もしかして彼女は、一人で家に帰る予定ではなかったのかもしれません。あるいはただ、クリスマスらしいドレスに合わせて同じくらいセクシーなランジェリーを選んだのかもしれません。

いずれにしても、長年連れ添った夫婦に大きな波紋を残すのも無理はないというほど、ランジェリー姿のミアは印象的でした。彼女の存在はデイヴィッドとカレンの物語に影を落とし、ジョニ・ミッチェルの「青春の光と影」がかかる悲しい名シーンへとつながっていきます。

Morning Glory

恋とニュースのつくり方

2010年／アメリカ

監督：ロジャー・ミッシェル

出演：レイチェル・マクアダムス、ハリソン・フォード、ダイアン・キートン、

パトリック・ウィルソン、ジェフ・ゴールドブラム

『恋とニュースのつくり方』でレイチェル・マクアダムスが演じるベッキーは、有名テレビ局のプロデューサー。そういうと華やかに聞こえるかも知れませんが、彼女には地方局で懸命に働いてきたのにリストラされたという苦い過去があります。新しい職場でも低視聴率の朝の情報番組のテコ入れを命じられているという厳しい状況です。伝説的なキャスターだったマイク・ポメロイ（ハリソン・フォード）を口説き落として担当している番組に呼んだところまでは良かったものの、ベッキーは自己中心的でワガママな彼に振り回されっぱなし。番組が失敗したら責任を取らされるのは彼女で、ポメロイではありません。無理難題を押しつけられ、かつ何かあったらトカゲの尻尾のように切られてしまう〝ソルジャー〟社員的な存在。このヒロインの重圧が痛いほど分かるという女性も、少なくないのではないでしょうか。

ストレスにさらされているベッキーは、仕事だけではなく私生活でも自己評価の低さに苦しんでいます。同じ局の憧れの先輩、アダム（パトリック・ウィルソン）から誘われても舞い上がったあげくに変な行動を取ってしまって、デートの途中で逃げるように帰っていきます。

そんなベッキーに、優しいアダムはやり直すチャンスをくれます。いきなり恋愛モードに突入するのではなく、まずは相手の家で食事でもしてゆっくり話をして、お互いを知り合う。彼の提案にうなずくベッキーでしたが、アダムの部屋で二人きりになった途端、そんなことは吹き飛んでしまいました。我慢できずに熱烈なキスを交わし、二人で抱き合いながらソファへと突進していく時に、ベッキーが自分のスカートを脱いでいく様子がコミカルでキュートでした。その時に彼女がはいていたのが、黒のレースでトリミングされた白と黒のプリントのショーツ。レースのソングだといかにもそういう展開を期待していた風だし、あまりに地味な下着だとそれも寂しい。

セットのブラまでは見られませんでしたが、これは「何かあるかもしれない二度目のデート」のランジェリーのチョイスとしてはちょうどいい路線なのかもしれません。ブラまで確認できなかったのは、ベッキーにブラウスを脱ぐ暇がなかったせい。そうなる前にアダムが番組直前に深酒をするマイク・ポメロイの悪い癖を思い出し、彼女に忠告したからです。仕事が第一のベッキーは、そのまま外へと飛び出して行きました。スカートをはくのも忘れて。

Kingsman: The Golden Circle

キングスマン:ゴールデン・サークル

2017年／イギリス

監督：マシュー・ヴォーン

出演：コリン・ファース、ジュリアン・ムーア、タロン・エガートン、マーク・ストロング、
ハル・ベリー、エルトン・ジョン、ポッピー・デイルヴィーニュ

００７シリーズからも分かるとおり、スパイ映画とランジェリー姿のセクシーな美女は相思相愛の関係です。

ロンドンの労働者階級の男子、エグジーがスパイのスキルと紳士としての礼儀作法を叩き込まれ、凄腕エージェントになっていくスパイ映画シリーズ『キングスマン』（２０１４年）の第二弾『キングスマン：ゴールデン・サークル』にも、ランジェリーの美女がロック・フェスティバルのシーンに登場します。現在の英国で野外の大掛かりなロックフェスといえば、グラストンベリー・フェスティバルです。『ブリジット・ジョーンズの日記　ダメな私の最後のモテ期』（２０１６年）にも登場し、イギリス映画ですっかりお馴染みの存在となりました。

今回のエグジーのミッションは、かつてのキングスマンの養成学校の仲間で今は危険な組織に所属するチャーリーの恋人、クララに盗聴器を仕掛けること。そのためには、彼女を誘惑しなくてはなりません。

クララを演じるのはカーラ・デルヴィーニュの姉で、モデルとしても活躍するポッピー・デルヴィーニュです。既にファッション界では知られた存在。妹よりも大人顔の長身の美人で、いかにも遊び慣れていそうな風情がロック・フェスティバルも楽しむ女の子の役にぴったり。ファッションこそボーホー的でワイルドだけど、本当は贅沢が好きな女の子。それが証拠に、クララがフェスで泊まっているテントは相当なラグジュアリー仕様です。エキゾチックなブルーのインテリアにシャンデリアまである！

並みのホテルよりも豪華なテントの室内で、誘惑されるはずのクララが逆にエグジーを誘惑する時に着ているのが、目の覚めるような深紅のローブでした。彼女がそれを脱ぎ去ると、更に鮮やかな色のランジェリーが現れます。オレンジ・レッドのサテンのブラとショーツのセットで、ラズベリー色のレースとリボンがポイントになっています。遊び心があって可愛らしいこのセットはクララという女の子の個性をよく表しているし、何よりもインパクトがあって色っぽい！　短い出番で強烈な印象を残さなくてはいけないキャラクターにふさわしい下着です。

ちなみにこのランジェリーはイギリスで若い女の子に人気があるAgent Provocateurのもの。偶然でしょうが、ブランド名はフランス語で「おとり捜査官」「スパイ」という意味です。クララ本人はスパイの役ではありませんでしたが、彼女が身につけていたのは、スパイ映画にはぴったりなランジェリーだった訳です。

Layer Cake

レイヤー・ケーキ

2004年／イギリス

監督：マシュー・ヴォーン

出演：ダニエル・クレイグ、ケネス・クラナム、ベン・ウィショー、トム・ハーディ、シエナ・ミラー

マシュー・ヴォーン監督の『レイヤー・ケーキ』は２００４年の作品です。今見ると、後にスターになった俳優たちが大勢出演していて、驚きます。主演の麻薬ディーラーを演じるのはダニエル・クレイグ。自分の仲介によって購入したドラッグがボスニアの危ない組織のものだと判明し、トラブルに見舞われる男の役でした。彼がジェームズ・ボンドの役に抜擢されるのは、この映画の2年後のことです。銃を構える姿が様になっていて、既にボンドを思わせるところがあります。後に彼と『００７』シリーズで共演することになるベン・ウィショーも小さな役で出演しています。ダニエル・クレイグの部下を演じたのは、まだ若いトム・ハーディ。そして、ベン・ウィショー演じるシドニーがバーに連れて来たのを見て、クレイグが一目で心を奪われてしまうヒロインのタミー役に選ばれたのが、売り出し中の女優シエナ・ミラーでした。２００４年は当時の恋人だったジュード・ロウと『アルフィー』（２００４年）で共演した年でもあります。彼女のブレイク・イヤーでした。

この時のシエナ・ミラーは上り調子の新人女優だけが持つ、独特の不敵な魅力で輝いています。タミーは電話で挑発的にクレイグ演じる主人公をホテルに誘います。自分の方から誘惑しておきながらホテルに彼を待たせておいて、遅れて現れたタミーの片手には黒いリボンのついた小さなショッピング・バッグがぶら下がっていました。彼女はどこかにショッピングに寄って来たようです。遅れて来ても悪びれないタミーに強面のドラッグ・ディーラーのはずの主人公は翻弄されっぱなしです。彼女はそんな彼を焦らすように、急にバスルームへと消えてしまいます。タミーにはベッドに行く前にするべきことがあるのです。

ショッピング・バッグから現れたのは新品のランジェリー。まるでパーティのためにドレスを着るように、彼女はバスルームでゆっくりと下着を身につけていきます。シアーなストッキングをガーターベルトで留めて、ストラップにリボンがついた黒いレースブラをつけ、鏡でメイクを直す。それで準備完了です。

黒のランジェリー姿のシエナ・ミラーはパーフェクトでしたが、ベッドルームに戻って来たスタイリッシュでセクシーな彼女を、ダニエル・クレイグが見ることはありませんでした。

彼はホテルの職員を装ったギャングのメンバーに拉致されて、既に連れ去られた後だったのです。ランジェリー姿で呆然と立ちつくしているシエナ・ミラーがキュートでした。

Gouttes d'eau sur pierres brûlantes

焼け石に水

2000年／フランス

監督：フランソワ・オゾン

出演：ベルナール・ジロドー、マリック・ジディ、リュディヴィーヌ・サニエ、アンナ・トムソン

フランソワ・オゾン監督が敬愛するドイツの映画監督、ライナー・ヴェルナー・ファスビンダーの生前未発表の戯曲をもとに作った『焼け石に水』は、不思議なムードの室内劇です。70年代のドイツ。婚約者とのデートをすっぽかして、魅力的な中年男性のレオポルドについていった青年フランツ。彼を取り戻そうとする婚約者のアナ。そして性別適合手術を受けて戻ってきたレオポルドの元恋人のヴェラ。四人の想いが交錯し、物語は思わぬ結末へと向かっていきます。映画は舞台劇のような四部構成で、物語は全てレオポルドの部屋の中で展開します。第一幕はレオポルドとフランツの出会い。第二幕は最初の誘惑から半年後、夫婦のように暮らすレオポルドとフランツの日常。第三幕で登場するのが、リディヴィーヌ・サニエ演じるアナです。子役として映画に出演してきた実績はありましたが、これがサニエにとって女優としての本格的なブレイク作となりました。

アナは自分のもとに戻ってこなかった婚約者を取り返そうとレオポルドのアパートにやって来て、そのままフランツに抱かれます。それ以降、レオポルドが戻って来ても、第四幕になってヴェラが現れても、何故か彼女はずっと下着姿のままでした。撮影当時のリディヴィーヌは二十歳になるかならないかという年齢だったはずです。ヴェラを演じるスレンダーなアンナ・トムソンと対照的な、はちきれそうな若い肉体。彼女が水色のブラとショーツだけで室内を動き回る姿は印象的でした。豊かなバストを包むブラジャーはシアーな素材に透かしのパターンが入ったもの。揃いのショーツがジャストウェストの大きめサイズであるところに、アンバランスな子供っぽさがあります。彼女はそのままの姿で他の三人と語らい、サンバを踊るのです。そんなアナにフレッシュな力を感じて、レオポルドは彼女に惹かれていきます。

この時の度胸の良さが認められて、リディヴィーヌ・サニエはオゾン監督のお気に入りとして彼の作品に連続して出演することになります。ミュージカル仕立てのミステリー映画『8人の女たち』（2002年）ではカトリーヌ・ドヌーヴやイザベル・ユペールといった大物女優に混じって存在感を発揮し、『スイミング・プール』（2003年）ではオゾン監督のミューズであるシャーロット・ランプリングと共に主演を務めました。

飾り気のない水色のランジェリーだけで勝負した『焼け石に水』は、リディヴィーヌ・サニエのキャリアとしての出発点なのです。

On chesil beach

追想

2018年／イギリス

監督：ドミニク・クック

出演：シアーシャ・ローナン、ビリー・ハウル、エミリー・ワトソン、アンヌ=マリー・ダフ

シアーシャ・ローナン主演の『追想』の舞台は１９６３年の英国。まだ保守的な時代です。彼女が演じるフローレンスとビリー・ハウル扮するエドワードは結婚したばかり。チェジル・ビーチ近くのホテルにハネムーンでやって来た二人は、一緒に過ごす夜の予感に震えています。彼らにとっては初めての経験です。イアン・マキューアンの原作の日本語タイトルはその名も『初夜』（２００９年）でした。内気な女性は婚前交渉など、考えられなかった頃。純潔であれと女性にかけられたプレッシャーは大きなものだったはずです。それがようやく結婚して、二人きりで夜を過ごせるようになったのです。恋に落ちた二人が、一番幸せなはずのひと時。そこで取り返しのつかない悲劇が起きます。

ベッドでぎこちなく触れ合うフローレンスとビリー。新婚夫婦がそうとは知らずに決定的な破滅の瞬間へと向かう中、これまでの二人の物語が同時進行で語られていきます。裕福な家庭に育ちバイオリニストを目指すフローレンスと、庶民的なロンドン大学に通うビリーの偶然の出会い。川下りのデート。ビリーがアルバイトをするカントリー・クラブへの遠い道のりを、胸を弾ませて歩くフローレンスは恋の歓びで輝いています。しかし、二人の結婚には様々な問題がありました。

社会的な階級の差や、ビリーの家庭の秘密。未経験のフローレンスにとっては、夜の生活も不安材料の一つです。セックスに関する情報が少ない時代、彼女は本を読んでどうにか勉強しようとしますが、そこに書かれていることには嫌悪感しか沸きません。

それでも彼女は、特別な夜のためのランジェリーを用意します。アイリス色の彼女の瞳に合わせたような、ブルーのブラジャーとショーツ、そしてガーターのセットです。

最初の夜、フローレンスが着ているドレスも鮮やかなブルー。シアーシャ・ローナンによく似合う色ですが、結婚式で縁起が良いとされている「サムシング・ブルー、サムシング・ニュー、サムシング・オールド、サムシング・ボロウ（青いもの、新品のもの、古いもの、借りたもの）」も意識しているのでしょう。ビリーがフローレンスのスカートに手を入れて彼女のショーツを脱がすと、それが彼女の足首に落ちてくる。美しく、官能的なシーンですが、この時すでに二人が別れに向かって突き進んでいることを、後に観客は知ることになります。ブルーのショーツは二度と取り戻せない幸せ、二人がつかめなかった未来を象徴していました。切ない映画です。

Lust, Caution

ラスト、コーション

2007年／台湾・中国・アメリカ

監督：アン・リー

出演：トニー・レオン、タン・ウェイ、ジョアン・チェン、ワン・リーホン

１９４０年代の〝魔都〟、上海。汪兆銘（おうちょうめい）政権のもと、特務機関で働くイー（トニー・レオン）と貿易商の妻、マイ（タン・ウェイ）は、人目を盗んで激しい情事に及ぶ仲。実はマイ夫人の正体は、イーの暗殺計画に携わる地下工作員。女子大学生だったワン・チアチーは、学生演劇をきっかけに抗日活動に関わるようになっていきます。彼女のミッションは誰にも心を許さないイーに取り入り、仲間に暗殺のチャンスを作ること。しかし、愛人となって逢瀬を重ねるうちに、ワンとイーの間には体の関係だけではない、孤独を知る者同士の絆が生まれていきます。

緊迫感のあるベッド・シーンと共に、タン・ウェイが着こなすチャイナ・ドレス＝旗袍（チーパオ）の数々も話題になりました。元は満洲族女性の伝統衣装である旗袍。かつてはゆったりとしたシルエットで女性の体を包む長丈（ながたけ）の衣装でしたが、時代に合わせてそのシルエットは変化していきました。映画でマイ夫人を演じる時のワン・チアチーが着ている旗袍は贅沢な素材と、タイトなシルエットが印象的です。タン・ウェイはその旗袍の上にトレンチコートを羽織り、トーク帽を合わせていました。

香港での暗殺に失敗してから三年後、初めてイーが彼女をホテルに呼ぶ時に、彼女が着ているのは濃紺の刺繍とトリミング、チャイナ・ボタンがアクセントとなった鮮やかな青緑の旗袍。ワン・チアチーはイーを誘惑するかのようにゆっくりと裾を上げます。彼女が旗袍の下に身につけているのは、西洋の服と変わらないランジェリーです。黒いシアーなストッキングを留めているのは、旗袍と同じ色のガーター。白いレースのついたガードルが一瞬、覗きますが、上に着ているのがビスチェなのかブラジャーなのかは確認出来ませんでした。イーは情事の相手に主導権を握らせず、暴力的に彼女を組み伏せて服を着たままでセックスに及びます。ガーターの下にチアチーが着ていたのは、シルクの淡いピンクのショーツでした。それは欲望の装置として、効果的に選ばれた下着だったはずです。

理想に燃える女子大生だったワン・チアチーがこんな風に政治に利用され、囮(おとり)として男性に抱かれるようになる経緯はあまりに悲しい。そのために用意された旗袍とランジェリーも、美しければ美しいほど哀れを誘います。乱暴にイーに抱かれた後、めくれた旗袍とガーターという姿でワンはベッドに横たわっています。彼女のけだるさと官能が入り混じった複雑な表情は、このミッションが更なる悲劇に発展していくことを予感させるのです。

column 3

おすすめランジェリー写真集

リリアン・バスマンは、1940年代から60年代にかけて『ハーパース・バザー』誌で活躍した伝説のフォトグラファーです。私はこの時代の『ハーパース・バザー』や『ヴォーグ』といったファッション雑誌が好きで、一時期はオークション・サイトをこまめにチェックしてコレクションしていました。この頃のファッション雑誌を見ると、ガードルやコルセット、スリップなどの下着の広告が多いのに驚きます。第二次世界大戦後のファッションの変化と興隆によって下着業界も活気づいていた頃でした。こういうファッション雑誌に載せるランジェリーの広告写真やイラストは、男性を誘う挑発的なものと一線を画するようなムードが

フェティッシュで危険なムードに溢れているヘルムート・ニュートンやギィ・ブルダンの写真。下着姿のモデルたちを使ってデカダンなファンタジーを演出しているかのようなスティーヴン・マイゼル。パジャマ・パーティではしゃいでいるエレン・フォン・アンワースの撮るランジェリー姿の女の子たち。

エロティックなものからガーリーなものまで、有名なファッション・フォトグラファーたちのランジェリー写真には数々の傑作があります。でも、もしランジェリーの写真集が一冊欲しいという人がいたら、私がお勧めしたい本はただ一冊。リリアン・バスマンのモノクロ写真集の『LINGERIE』です。

求められました。高級ブランドのガウンやスーツ姿のモデルと同等のエレガンスが必要とされたのです。『ハーパース・バザー』のそんな要求に応えたのが、リリアン・バスマンでした。『LINGERIE』はその頃のバスマンの写真を集めた作品集です。

リリアン・バスマンの写真には独特の絵画的な魅力があります。彼女は写真をプリントする時に様々なテクニックを用いて、影の中から女性たちが柔らかな光を放って浮かび上がってくるかのような効果を生み出しました。

シースルーのペチコートとブラだけを身につけ、洗面台の縁に足をのせてペディキュアを塗っている女性。総レースのナイトガウンでバスルームに腰かけて、ナイロンのストッキングを履いている女性。朝、透けるようなコットンのナイトガウンのままカーテンを開ける女性。パジャマ姿で列車のコンパートメントの座席で寝そべり、煙草を吸いながら雑誌を読んでいる女性。黒いシルクのスリップでベッドにいる女性のシルエット。バスマンの撮ったランジェリー姿のモデルたちは、硬いはずのコルセットを締めている女性も含め、透明なベールに覆われて守られているかのような印象を受けます。

「私は柔らかさ、繊細さ、女性的な世界の個人的な問題と深く結びつているのです」とバスマンは語っています。

バスマンは自宅のバスルームや友人のアパートの一室でランジェリーの撮影をするのを好みました。アシスタントは一人しか連れず、そのアシスタントも撮影が始まる段になると外に出されたそうです。男性に見られているという緊張感の一切ない現場で、モデルたちはバスマンと恋人や家族のことについてお喋りをしながら撮影を進めていきました。彼女のランジェリー写真を見ていると、写っているモデルたちがリラックスしているのがよく分かります。アパートの部屋で服を脱ぎ、くつろいでいる女性の写真の中には誰かのプライベートな空間を覗き見してしまったような気持ちにさせられるものもありますが、バスマンの写真はそういう他者の視線を感じさせません。その親密さが彼女のランジェリー写真を特別なものにしています。

LINGERIE IN CINEMA

SCENE 4

ファッションと夢の裏側

Belle de jour
昼顔

1967年／フランス
監督：ルイス・ブニュエル
出演：カトリーヌ・ドヌーヴ、ジャン・ソレル、ミシェル・ピッコリ、ジュヌヴィエーヴ・パージュ、ピエール・クレマンティ

ルイス・ブニュエルの『昼顔』は危険な映画です。ヒロインはマゾヒスティックな幻想にとらわれた、若く美しい人妻セルヴィーヌ。医師である夫と何一つ不自由のない生活を送っているのにもかかわらず、彼女は自分が乱暴に鞭打たれる白昼夢をうっとりと見ています。セルヴィーヌはその不思議な心理のせいで、昼間だけ娼婦として働くことを選ぶのです。この大胆な役柄に挑んだのが、カトリーヌ・ドヌーヴでした。若い女性としての美しさ、という意味では彼女が頂点にあった時代です。ドヌーヴの完璧な美貌が、映画の雰囲気をより一層背徳感のあるものにしています。『昼顔』はそのスキャンダラスな内容だけではなく、ファッションでも話題に上がることの多い作品です。カトリーヌ・ドヌーヴの衣装を担当したのはイヴ・サンローラン。サンローランをドヌーヴに紹介したのは、当時の夫で写真家のデヴィッド・ベイリーです。以降、サンローランの服と女優カトリーヌ・ドヌーヴのイメージは切り離せないものとなりました。上流階級の女たちが秘密裏に売春を行う宿があると聞きつけて、セルヴィーヌがそこを訪れる時の衣装は象徴的です。豊かな金髪を覆い隠す黒いニットのピルボックス・ハットと肩章のついたミリタリー的なコート。固く身を守るような完璧な装いの下に、このヒロインはどんな心を秘めているのでしょうか。そう、観客が知りたいのはほの暗い欲望を抱えた本当の彼女なのです。コートを脱ぐとそこにあるのはシンプルだけどファッショナブルなサファリ調のベージュのワンピース。更に彼女の肉体を包むランジェリーが続きます。

セルヴィーヌのランジェリーで最も忘れがたいのは、とある顧客から特別な要求をされた時に彼女が着ていた白いレースのブラジャーと揃いのショーツ、そしてガードルのセットでしょう。その顧客がセルヴィーヌにどんなことをしたかは映画の中では秘密にされています。エロティックなファンタジーを観客にかきたてる設定です。他の娼婦たちが躊躇するその要求に、彼女は迷いなく応えます。全てが終わった後、恍惚の表情を浮かべてベッドに横たわるセルヴィーヌのランジェリー姿はヌードよりもセクシーでした。そのランジェリーが柔らかな素材のものではなく、硬く胸を寄せあげるブラとガードルだったから、尚更そう見えたのかもしれません。彼女にとっては、下着もまた鎧のようなもの。

ランジェリーに拘束されたセルヴィーヌは、更にその下に何かを隠しているかのようです。

Anna Karenina

アンナ・カレーニナ

2012年／イギリス

監督：ジョー・ライト

出演：キーラ・ナイトレイ、ジュード・ロウ、アーロン・テイラー＝ジョンソン、ケリー・マクドナルド、マシュー・マクファディン

『アンナ・カレーニナ』のヒロインの登場シーン。キーラ・ナイトレイが演じるアンナは部屋でシュミーズにパンタロン（下履き）という姿のまま手紙に読みふけっています。そんな彼女にメイドが甲斐甲斐しく世話を焼いています。彼女たちがアンナに指輪をはめさせ、服を着せていく様子は振り付けされたダンスのようです。シュミーズの上にはコルセット。映画のシーンではよく見えませんが、アンナはパンタロンの上に鳥かごのような骨組みのアンダー・スカートを履いています。ドレスのスカートをドーム型にふくらませるためのクリノリンです。流行のシルエットを出すために、当時の上流階級の女性はこのような重装備のファウンデーション（下着）を必要としていました。こんな下着を一人で着るのは無理なはず。アンナがお人形さん状態でメイドにドレスを着させられているのも納得です。メイドはクリノリンの上に更にフリルたっぷりのアンダー・スカートを被せ、ようやくその上のドレスへと取り掛かるのです。

しかし、トルストイの『アンナ・カレーニナ』の舞台は１８７０年代の帝政ロシアです。クリノリンが全盛を極めたのは19世紀半ばで、この頃はもうバッスル・スタイルというヒップを強調するシルエットに移行していた頃ではなかったでしょうか。

疑問に思っていたら、この映画の衣装デザイナーのジャクリーン・デュランのインタビューをインターネットで見つけました。『プライドと偏見』（２００５年）や『つぐない』（２００７年）などでジョー・ライト監督とキーラ・ナイトレイと組んでいるデュランは、コスチューム劇を得意とするデザイナー。下着の時代考証も行き届いています。デュラン曰く『アンナ・カレーニナ』で描かれた頃はクリノリンからバッスル・スタイルへの過渡期に当たるのだとか。もうスカートを大きくふくらませるのは時代遅れだったので、アンナのクリノリンもツリガネ型の控えめなシルエットになっています。更に後ろ姿を見ると、クリノリンの下の腰の辺りに、帯に入れるお太鼓のようなパッドをつけているのが見てとれます。これはヒップの形をきれいに見せるためのトゥールニュールと呼ばれる腰当てです。

映画の衣装である下着から、時代によってファッションの移り変わっていく様子がうかがえます。

でもアンナ・カレーニナがクリノリンをはいている理由は時代背景だけではないのでしょう。政府高官の妻である彼女は籠の中の鳥なのです。クリノリンはそのイメージを端的に表しています。

Marie Antoinette

マリー・アントワネット

2006年／アメリカ

監督：ソフィア・コッポラ

出演：キルステン・ダンスト、ジェイソン・シュワルツマン、ジュディ・デイヴィス、ジェイミー・ドーナン

キルステン・ダンストがタイトル・ロールの悲劇の女王を演じた『マリー・アントワネット』。18世紀フランスを舞台にしたこの物語は何度か映画化されていますが、ソフィア・コッポラが監督したこのバージョンはいかにも彼女らしいマカロン色の衣装で彩られたファッショナブルな歴史劇でした。ニュー・ウェイヴの曲を使ったサウンドトラックと同じくらいスタイリングも大胆で、美しい靴のコラージュ・シーンにコンバースのスニーカーが忍ばせてあったことも話題になりました。

大胆といえば、マリー・アントワネットとその愛人であったスウェーデンの貴族、ハンス・アクセル・フォン・フェルゼンとのベッド・シーンもそうです。フェルゼンを演じたのは、後に『フィフティ・シェイズ・オブ・グレイ』（2015年）でブレイクするジェイミー・ドーナン。マリー・アントワネットがベッドで白いストッキングとブルーのガーターだけをまとい、裸身を可愛らしい扇で隠している姿はこの映画を象徴するスチールとなりました。

しかし当時のマリー・アントワネットがこのあらわな姿になるまでに、どれだけのアンダー・ガーメントを脱がなければならなかったのかを考えると、気が遠くなりそうです。普段のドレス姿のアントワネットなら、このストッキングの上に刺繍で飾られたペチコートを履き、上半身はシュミーズを身につけた後にコルセットで覆い、スカートを大きく膨らませるためにクジラのヒゲで出来た巨大なパニエを着けていたはずです。小トリアノン宮殿で取り巻きたちと田園風の生活をおくっていた時は、下着ももう少し簡素なものになっていたかもしれません。アントワネットは妊娠した後、パニエを着けるのが困難になり、彼女のお抱えデザイナーのローズ・ベルタンはアントワネットのためにネグリジェを改良したマタニティ・ドレスを作ったということです。

それ以降、貴族の女性たちの間でもゆったりとしたモスリンのドレスが流行するようになりました。

ベルサイユ宮殿では、アントワネットはベッドで目覚めてからネグリジェを脱いで全ての下着を身につけ、ドレスを着るまでの過程を多くの貴族たちに見せなくてはなりませんでした。でも、フェルゼンとの逢瀬はプライベートなもの。ストッキングだけのヌードの姿は、マリー・アントワネットが束の間だけ味わう自由の象徴なのです。それは彼女にとって、どんな豪華なドレスよりも大きな贅沢だったに違いありません。

Phantom Thread

ファントム・スレッド

2017年／アメリカ

監督：ポール・トーマス・アンダーソン

出演：ダニエル・デイ=ルイス、レスリー・マンヴィル、ヴィッキー・クリープス

１９５０年代のロンドンのファッション界を舞台にした『ファントム・スレッド』は、天才的なドレス・デザイナーと、彼に見初められてモデル兼パートナーになった女性の愛憎劇です。ベテランの演技派ダニエル・デイ＝ルイスとヒロインに大抜擢されたルクセンブルク出身の女優、ヴィッキー・クリープスの演技上の対決にも火花が散っていました。ダニエル・デイ＝ルイス演じるデザイナーの華麗なドレスの数々は、映画の舞台と同時代のデザイナー、チャールズ・ジェームズやバレンシアガのデザインを参考にしているとのこと。美しいドレスに目を奪われますが、そのドレスに合うシェイプを作るファウンデーションにも注目です。

１９５０年代は、40年代にクリスチャン ディオールが提唱したニュー・ルックがまだ幅を利かせていた頃です。ボリュームのあるスカートと、きゅっと絞ったウエストのラインがシンボルのニュー・ルックを着こなすには、砂時計のようなスタイルが不可欠。そのため、20年代に一度はすたれたコルセットが下着の世界で復活します。この時代はただコルセットでウエストを絞るだけではなく、更にガードルで下腹を引き締める必要もありました。50年代に人気があった、ガードルとコルセット、ブラジャーが一体になった上下一体型の補正下着がコルセレットです。

1952年にラナ・ターナーが『メリィ・ウィドウ』でガーターのついたコルセットを着ると、これが大流行。以降、この型のコルセットはメリー・ウィドウと呼ばれるようになります。

映画では、ベルギー王女が着ていたメリー・ウィドウが印象的でした。レイノルズにウェディングドレスの発注に来た彼女は、ランジェリー姿でフィッティングに臨みます。

彼女のコルセレットは淡いピンクのサテンのサイドとグレイの地にレースを重ねたフロントから成る凝ったデザインで、裾には贅沢なレースがあしらってあります。ウェイトレスとして働いていたところをレイノルズに見初められて彼のミューズとなったヒロイン、アルマが最初のフィッティングで着ていた素朴なシュミーズとは対照的。フィッティングを手伝うアルマのベルギーの王女に対する態度は挑発的で、彼の一番のモデルは自分だと主張しているかのようでした。ベルギー王女のメリー・ウィドウは、下着ブランドのリリー・オブ・フランスの50年代のレース・ガードルのデザインを模したものです。ドレスだけではなく、その下のランジェリーも、更にはその奥に隠れた人間の心理の描き方も完璧な映画です。

Psycho
サイコ

1960年／アメリカ

監督：アルフレッド・ヒッチコック

出演：アンソニー・パーキンス、ジャネット・リー、ヴェラ・マイルズ、ジョン・ギャヴィン

サスペンス映画の巨匠、アルフレッド・ヒッチコック。初期の監督作から、彼の映画にはランジェリー姿の女性が数多く登場します。下着姿の女性はくつろいでいて、無防備で、ある意味ではヌードの時よりも刺激的で危うい存在です。その姿がサスペンスのドラマに生み出す効果について、ヒッチコックは知り尽くしていました。ヒッチコックの最も有名な作品のひとつ『サイコ』では、ヒロインのマリオン（ジャネット・リー）が冒頭からランジェリー姿で登場します。彼女の住むアリゾナ州フェニックスに出張でやってきた恋人と、昼間のモーテルで愛し合ったばかりのマリオンが身につけているのは、白いブラジャーと腰を隠すウエスト・スリップだけ。時代を考えると、大胆なシーンです。マリオンが腰だけのスリップを穿いているのは、12月でも蒸し暑いアリゾナの気候のせいなのでしょう。彼女の胸を覆うのは、円錐型のフル・サポート・ブラです。バスト・トップがツンと突き出るような形のこのブラは、その形状からバレット（銃弾）・ブラとも呼ばれています。

つけるとそれだけでバストがせり出した形になるこのブラジャーの登場は１９４０年代終わり。以降、50年代を通して人気がありました。ピンナップ・ガールたちはバレット・ブラで作った胸の形状を際立たせるため、薄手のセーターをよく着ていました。〝セーター・ガール〟といえば、当時のセクシーな女性の代名詞です。ハリウッド・スターのラナ・ターナーもデビュー映画の鮮烈なシーンで着ていたセーターから、その名で呼ばれていました。ハリウッドの女優たちのスタイルに憧れる女性たちに売れて、バレット・ブラは人気商品になったのです。胸元を開けるよりも、むしろ覆った方が色っぽく見えるところにバレット・ブラの特徴があります。

マリオンのシャツ・ワンピース姿からも、バレット・ブラの効果がよく分かります。ベルトで細く絞ったウエストとのコントラストは鋭角的なほどです。一方で、フル・サポートのブラだから胸を硬くガードしている感じもある。この時代の女たちはバレット・ブラで武装していたのかもしれません。

借金のある恋人のために会社のお金を持ち逃げしようと旅支度をする時、マリオンは冒頭と同じようにバレット・ブラをつけていますが、最初の時と違って、そのブラの色は黒に変わっています。

そして彼女が寂しいモーテルのシャワーでそのブラを外し、武装を解除する時……本当の恐怖がやってくるのです。

Down with Love

恋は邪魔者

2003年／アメリカ

監督：ペイトン・リード

出演：レニー・ゼルウィガー、ユアン・マクレガー、デヴィッド・ハイド・ピアース、

サラ・ポールソン、トニー・ランドール

レニー・ゼルウィガーの当たり役といえば『ブリジット・ジョーンズの日記』（２００１年）。そしてブリジット・ジョーンズといえば、ウエストまで覆う大きな補正下着です。近年は体型をカバーするハイウエストのショーツも素敵なものが多いので、今ならブリジットもパーティやデートに堂々と着ていけるはずだと思います。しかしゼルウィガーがただの「デカパンの女」ではない、素敵なランジェリーも似合う女優だと証明する作品もあります。それが60年代のハリウッドのレトロなロマンティック・コメディの様式を取り入れた作品『恋は邪魔者』です。

舞台は１９６０年代のニューヨーク。新人作家のバーバラ・ノヴァク（ゼルウィガー）はデビュー作となる自己啓発本『恋は邪魔者』の発売をきっかけにメイン州からマンハッタンへと上京。「女性が男性と同等の権利を手にするためには、恋は邪魔！」と謳う彼女の本は大ヒット。バーバラの本がベストセラーになる前に取材を断った男性誌の花形記者、プレイボーイのキャッチャー・ブロック（ユアン・マクレガー）は面白くありません。顔を知られていないのをいいことに彼は身分を偽ってバーバラへと近づき、恋を仕掛けてスクープ記事を手にしようとするのですが……。

この映画がお手本にしたのは『夜を楽しく』(1959年)、『恋人よ帰れ』(1961年)といった映画の舞台と同時代のコメディ。60年代のキッチュな映画の作りをそのまま真似しているので、レトロフューチャーなインテリアが可愛いバーバラの豪華なアパートのベランダから見えるマンハッタンの景色はひと目で書割(かきわり)(大道具の背景画)と分かるものだし、車の窓からのぞく風景は合成。カラフルなファッションも60年代そのもの。その中にちょっとだけ現代的なエスプリが入っていて、それがこの映画をモダンでお洒落なものにしています。

キャッチャーと過ごすことになった運命の夜に、そわそわと身支度をするバーバラのランジェリーに注目です。ゼルウィガーが演じるバーバラが着ているのは、ガーター付きのコルセレットのメリー・ウィドウ。コルセットとガードルが一体となっているメリー・ウィドウはこの時代の服に合う細いスタイルを作るのに欠かせない補正下着ですが、黒いレースの飾りがシックで、同じようにスタイルを整える下着でもブリジットのものとは大分違います。その上に黒い縁取りのついたシアーなピンクのガウンを羽織った彼女がアパートで「フライ・ミー・トゥ・ザ・ムーン」にのせて踊るシーンは素敵でした。「デカパンの女」のイメージ払拭です。

The Graduate

卒業

1967年／アメリカ

監督：マイク・ニコルズ

出演：ダスティン・ホフマン、アン・バンクロフト、キャサリン・ロス

「ロビンソン夫人、僕を誘惑しているんですか?」

マイク・ニコルズがアカデミー賞の監督賞に輝いたニュー・シネマの名作、『卒業』。これはポスターにもなった、あまりに有名なシーンのセリフです。セリフの主で映画の主人公のベンジャミンは大学を卒業したばかりの青年。相手のロビンソン夫人は彼の父の仕事仲間の妻。年上の人妻は夫のいない家にベンジャミンを誘い、スツールの上で片膝をついて、シアーな黒いストッキングに包まれた足を高々と上げてみせます。レース・ガーターの先にあるのは、あらわな太もも。自信がある大人の女性でなかったら、とても出来ない芸当です。この後、ベンジャミンはロビンソン夫人とただならぬ仲になり、ホテルで逢瀬を重ねることになります。そのベンジャミンが本気の恋に落ちた相手が、ロビンソン夫人の娘だったことからトラブルは更に広がっていきます。

サイモン&ガーファンクルによるサントラの曲や、ラストの結婚式のシーンで知られる『卒業』ですが、ロビンソン夫人を演じるアン・バンクロフトのセクシーなランジェリー姿も評判になりました。

ポスターの黒いストッキングや黒いレースのブラジャーも印象的ですが、ロビンソン夫人のアイコニックなランジェリーといえば、レオパード柄のブラとガードルのセットでしょう。ビキニの跡が残る日焼けした肌とあいまって、鮮烈でした。これ以降、大人の女性のランジェリーとしてレオパード柄は定番となっていきます。マイク・ニコルズ監督のインタビューによると、ジャングルの野生動物のようなイメージが欲しくて、ロビンソン夫人にレオパード柄を着せたという話です。ランジェリーだけではありません。レオパード柄のコートに、レオパードの襟のある黒のスーツに揃いのピルケース・ハットと、ロビンソン夫人の着る物にはあらゆるところにこの女豹のイメージが潜んでいます。

遊びの相手として年下の男性を狙う、金銭的にも人間的にも余裕がある大人の女性のことをクーガー（ピューマ）と呼ぶようになるのは、ずっと後のことです。クーガーという言葉が流行(はや)る前から、レオパード柄が似合うロビンソン夫人はクーガーと呼ぶにふさわしい女性でした。

けだるい魅力に溢れたロビンソン夫人を演じた時、アン・バンクロフトはまだ36歳だったというから驚きです。一方、ベンジャミンを演じるダスティン・ホフマンは31歳。実際の俳優同士には、そんなに年齢差がなかったのです。

Ieri, Oggi, Domani

昨日・今日・明日

1963年／イタリア・アメリカ

監督：ヴィットリオ・デ・シーカ

出演：ソフィア・ローレン、マルチェロ・マストロヤンニ、ジョヴァンニ・ルドルフィ、ティナ・ピカ

太陽のように明るくて、おおらかで、野性的で、セクシー。60年代のソフィア・ローレンはイタリア映画を代表する女優でした。そんな彼女の魅力が堪能できる映画がヴィットリオ・デ・シーカ監督の『昨日・今日・明日』。オムニバス形式の作品で、ソフィアは三人の女性を演じています。次々と子供を妊娠しながら、失業した夫に代わって闇タバコの販売で家庭を支える妻を演じた第一話の「ナポリのアデリーナ」、パーティで知り合った青年とドライブに出かける裕福な主婦の役だった第二話の「ミラノのアンナ」。いずれも印象的ですが、第三話の「ローマのマーラ」には映画史に燦然と輝くランジェリーが登場します。

ソフィア・ローレンが演じるマーラはコール・ガール。休暇で祖父母の家に泊まりに来ていた神学生のウンベルトは、隣のアパートメントに住む彼女の美しさに目を奪われます。

マーラは本来真面目な女性で、こういう商売をしているのにも訳があるのですが、ウンベルトの祖母は当然、マーラにいい顔をしません。ところが、彼女がマーラに泣きつく日がやって来ます。マーラに恋をしたウンベルトが神学校を辞めると言い出したのです。信心深いマーラはウンベルトが道を誤らないよう神様に誓いを立て、一週間コールガールの仕事を休業することに決めます。マーラの常連客のルスコーニにとっては面白くない話です。社長の御曹司である彼はマーラに夢中。一週間の〝お預け〟に千々に乱れる思いです。ルスコーニを演じるのは、ソフィア・ローレンと同じくイタリア映画が生んだ世界的スター、マルチェロ・マストロヤンニ。共演作も多い二人は名コンビです。

神学校に戻っていくウンベルトを見て、マーラはルスコーニとベッドを共にする前に彼のためにストリップを披露します。自らレコードプレーヤーで音楽をかけ、ローブを脱ぐと、現れたのはピンクのリボンが胸元についたガーター付きの黒いコルセット。その姿で踊るマーラを見たルスコーニがベッドで歓声をあげるシーンはこの映画のハイライトです。マーラはベッドに片足をかけてガーターベルトを外し、とびきり色っぽくシアーなストッキングを脱いでいきます。31年後、ソフィア・ローレンとマルチェロ・マストロヤンニはあまりに有名なこのシーンをロバート・アルトマン監督の映画『プレタポルテ』（1994年）で再現することに。この頃のマストロヤンニはもうおじいちゃんになっていて、ローレンがストッキングを脱いだ時には既にベッドですやすや眠っていました。

The Devil Wears Prada

プラダを着た悪魔

2006年／アメリカ

監督：デヴィッド・フランケル

出演：メリル・ストリープ、アン・ハサウェイ、スタンリー・トゥッチ、サイモン・ベイカー、
エミリー・ブラント、エイドリアン・グレニアー

ニューヨークのファッション雑誌の世界を描いた『プラダを着た悪魔』。ハイ・ファッションのドレスが目をひくこの映画のオープニングは、アン・ハサウェイ演じるヒロインのアンディとスタイリッシュな女性たちの朝の対比から始まります。ファッション界に生きるスレンダーな女性たちは毎朝、ランジェリー選びも本気。ある女性は黒いチュールフリルのついたブラとタンガのセット、別の女性は黒に白いレースのアクセントがあるセット、また別の人はレオパード柄のショーツ……。シアーなストッキングとヒールを身につけたら、そこから彼女たちのドレス選びとメイクが始まります。一方、寝ぼけ眼で歯磨きをするのが精一杯のアンディはブランド物の洋服には興味がなく、下着選びにも無頓着です。そんな彼女が高級ファッション誌『ランウェイ』で〝悪魔〟と噂される編集長ミランダ（メリル・ストリープ）のアシスタントになったのだから、大変です。ミランダからの理不尽な要求に振り回され、ファッション音痴であることを同僚からバカにされる、地獄のような日々が始まります。原作者のローレン・ワイズバーガーは、ファッション誌『Vogue』の有名な編集長、アナ・ウィンターのアシスタントを務めた過去を持つ作家。ミランダのモデルはアナなのではないか?と話題になりました。

そんなアンディを見かねて、ミランダの片腕であるファッション・ディレクターのナイジェル（スタンリー・トゥッチ）が助け舟を出します。彼がこっそり貸し出した撮影用のクローゼットの服で、アンディは華麗な変貌を遂げるのです。アン・ハサウェイが次々とお洒落なコーディネートで登場するシーンを見て、胸がときめいた人もきっと多かったことでしょう。

しかし、このアンディの変身ぶりを喜ばなかった人が一人。彼女と一緒に暮らす彼氏のネイトです。料理の世界で働く彼からしたら、ファッションの世界は軽薄そのもの。ジャーナリスト志望だったアンディが目標を忘れているのも気になります。

そんなネイトに「新しいドレスは嫌い？」と聞くアンディ。ドレスもジュエリーもどうでもいいという彼に、彼女はドレスのボタンを外し、中に着たランジェリーを見せます。ネイトが目にしたのは、黒いレースに彩られたゴージャスなブラ・コルセット。冒頭のシーンでシンプルな白のショーツを選んでいたアンディが、本当に服の下までファッショナブルな女性に生まれ変わったことを示すシーンです。もちろん、こちらの方はネイトも気に入ったのでした。

Eyes Wide Shut

アイズ ワイド シャット

1999年／アメリカ

監督：スタンリー・キューブリック

出演：トム・クルーズ、ニコール・キッドマン、シドニー・ポラック、マリー・リチャードソン

鬼才スタンリー・キューブリック監督の遺作となった『アイズ ワイド シャット』。当時、私生活でも結婚していたトム・クルーズとニコール・キッドマンが夫婦役で出演したのも話題になりました。

二人が演じるビルとアリスはニューヨークに暮らす倦怠期の夫婦。夫のビルは裕福な開業医で生活には何も不自由しない身分なのに、アリスは何故だかアンニュイで、欲求不満を抱えています。ある日、ベッドでマリファナを吸いながらくつろいでいる時に前日のパーティのことでビルと言い合いになったアリスは、自分の欲望を吐き出します。彼女はバカンス先で一瞬、すれ違っただけの海軍士官兵に激しい恋心を抱き、彼との逃避行を夢見ながらビルに抱かれた話をします。それまで完璧な生活をおくっていると信じていたビルにとって、それは衝撃の告白でした。患者に呼ばれてそのまま街に出た彼は、性的な妄想に取り憑かれます。その危険なファンタジーが、ビルが想像もしなかった世界への扉を開くことになります。彼は娼婦に誘われてついていきそうになり、更に再会した友人から聞いた怪しげなパーティに出向くのですが……。

危険な香りのする謎めいた数々の場面の中で、ビルとアリスの言い争いのシーンは生々しく、際立っています。更にこの映画の公開の二年後にクルーズとキッドマンが離婚したことで、様々な憶測を呼びました。この場面でニコール・キッドマンが着ていたのが、スイスの有名アンダーウェア・ブランドHANRO（ハンロ）のコットン・キャミソールとハイレグのショーツです。ランジェリーというよりも肌着と呼んだ方がふさわしいシンプルなデザインで、飾りは一切ありません。しかしシルクのようになめらかなコットンの生地を通して見えるキッドマンの赤い乳首と美しい肌が素晴らしく、どんなゴージャスなランジェリーにも負けないほどセクシーでした。ショーツのカットも絶妙で、彼女の完璧なプロポーションを引き立てています。白いコットンから透ける、怒りと欲望で赤みが差していく肌。それは爆発しそうなアリスの内部そのものです。

この映画でキッドマンはドレスを脱ぎ捨て、見事なヌードを披露していますが、この飾りのない下着姿の方がより官能的でした。マリリン・モンローが『七年目の浮気』（１９５５年）の有名な地下鉄の通気口のシーンで身につけていたのも、HANROのショーツでした。映画史で最もセクシーなシーンを彩ったのは、何の飾りもついていないシンプルな下着だったのです。

column

4

私が考える映画の中のランジェリーについて

映画の中から素敵なランジェリーが出てくるシーンに光を当てて、それを紹介する。『ピーチ・ジョン』から新しいウェブマガジンのための連載企画をいただいた時は、面白そうだと思ってワクワクしました。

私は映画の衣装の話が大好きです。映画のファッションを真似したい女性は大勢います。だから登場人物たちが服の中に着ているもの、むしろランジェリーの方に目がいくという観客もきっといるだろうと考えたのです。

そうやって見直してみると、映画の中には印象的なランジェリーのシーンがたくさんあります。自分の記憶の中にあるものや、映画の歴史において有名な下着を調べてピックアップしていくのは楽しい作業でした。

しかし、進めていくに従って、これは思っていたよりもデリケートな題材だと気がついたのです。

女性の下着について考えることは、女性の身体やセクシュアリティーについて掘り下げることを要求されます。そして映画の中の女性の下着シーンは、そのイメージがどんな風に受容されているか、あるいは消費されているかを物語っています。そのことについて私なりのきちんとした考えが根底にないといけないと思い、女性の下着の歴史や、映画における下着のシーンの歴史についての本を読み、個人的に色々と調べて勉強しました。

しかし、私のコラムはシリアスな研究の発表ではなく、あくまでランジェリー・ブランドのための連載です。なるべくカジュアルに、軽やかに、その映画で女優が着ているような下着が欲しいなと女性たちが思うような映画のシーンを紹介したい。だからこそ、どんな文脈でその下着シーンが出てくるかについてはよくよく吟味しないといけないと思いました。

映画に出てくる下着の場面についてインターネットで検索していると、スラッシャー映画やホラーといった特定のジャンルの作品で、半裸の姿で逃げまどう女性の写真も多く出てきます。ストーリーの文脈に不必要なヌードやベッド・シーン、男性の都合の良いファンタジー。映画の衣装としてのランジェリーは、そういうシチュエーションから逃れられないところがあります。

でも、いわゆる〝サービス〟ショットとして挟み込まれるシーンや、男性の欲望を喚起するためのシーンの全てが悪いという訳ではないのです。そういうシーンの中に、女の人から見てキュートだな、セクシーでいいなと思えるものもあります。「あのランジェリー、可愛いから着たい!」と女性の目線でシーンを読み替えられたら、そのファンタジーは女性のものにもなりうるのです。

映画のランジェリーのシーンがいつもセックスの要素に結びつくとは限りません。下着は私たちが最初に着るもので、最後に脱ぐもの。女性の生活と深く結びついています。ヒロインのプライベートな孤独を表す下着のシーンもあれば、さりげない日常を表現するために使われる下着もある。ランジェリー姿なのにドレスアップしているかのように見える女優もいれば、ヌードでいるよりもずっとエロティックに見える女優もいる。映画とランジェリーの連載をすることで、今まで見逃していた要素が見えてくるようになりました。

女性によって着たいと思うランジェリーは様々です。ただ、「その下着をつけている自分が好きだ」と思えるものということだけは、みんな共通しているのではないでしょうか。

ランジェリーについて考える時、私はいつも鴨居羊子さんの『わたしは驃馬に乗って下着をうりにゆきたい』というエッセイの本を思い出します。鴨居さんは日本にシンプルな下着しかなかった時代に、女性が楽しめるカラフルなランジェリーの数々を売り出した、この国における下着デザイナーの草分け的な存在です。新聞記者を辞めて下着のデザインを手がけることになったきっかけの一つとして、彼女は舶来雑貨を売る心斎橋の店で一目惚れして買ったピンクのガーター・ベルトを挙げています。そんな美しいものはお嫁に行くまでしまっておきなさいという母親の言葉に反抗して鴨居さんは翌日からそのガーター・ベルトを洋服の下につけたと言います。

「上はおそまつな黒っぽいセーター・スタイルなのに、私の中身はピンク色に輝き、おなかは絶えず一人笑いをした。とくにトイレに行くときが楽しみである」「おしっこまでピンク色に染まっているようであった」

素敵なランジェリーをつける喜びを、こんなに端的に表現した文章を私は他に知りません。映画の中のランジェリーのシーンを選ぶ時は、観客が「あの下着を私がつけたら、おなかが一人笑いするほどワクワクドキドキするだろう」と思えるものを選びたい。だから何よりも、私自身がときめきを感じられるような映画のシーンを指針にしようと決めました。

この本で紹介している映画のランジェリーのシーンの中に、読んでいる人が個人的な喜びを見つけられるといいなと願っています。

LINGERIE IN CINEMA

SCENE 5

ナイトウェアと一人きりの夜

Some Like It Hot

お熱いのがお好き

1959年／アメリカ

監督：ビリー・ワイルダー

出演：トニー・カーティス、ジャック・レモン、マリリン・モンロー

マリリン・モンロー。

その名前を口にするだけで柔らかそうな肢体が目に浮かぶ、ハリウッド黄金期を代表する女優です。セクシーでスウィートな雰囲気の彼女のランジェリー姿の前では、どんなゴージャスなドレスの女優もかすんで見えるほどです。

マリリン・モンローと下着と言えば、『七年目の浮気』（1955年）が有名です。彼女が演じるヒロインは夏の熱い夜、地下鉄の通気口の上に立って、スカートの下に風を感じます。めくれたスカートからはっきりと白いショーツが見えるシーンのスチールは、ポスターなどの宣伝に使われて話題になりました。他にも悪女を演じた『ナイアガラ』（1953年）など、印象的なランジェリーのシーンが多いマリリンですが、ここでは1959年に彼女が出演した『お熱いのがお好き』を挙げたいと思います。名匠ビリー・ワイルダー監督のこの作品の舞台は、1920年代終わり。偶然にマフィアの殺人現場に居合わせてしまった二人のジャズ・ミュージシャンが、カムフラージュのために女装して、女子ばかりの楽団に加入してシカゴから列車でフロリダに逃げようとするというコメディです。その楽団にいたのが、マリリン・モンロー演じるシュガー・ケーン。スカートをめくってガーターに挟んだフラスコを取り出し、こっそりお酒を飲む姿を見て、女装男子二人は彼女に一目惚れしてしまいます。シュガーは彼らを女性だと信じて疑わず、みんなが寝静まった後、そのうちの一人であるジェリーの寝台車のベッドにお喋りにやってきます。ジェリーにとってはシュガーと二人きりで過ごすチャンスでしたが、お酒の匂いを嗅ぎつけた他の楽団員の女子たちによって親密な会合はあっという間にパジャマ・パーティに転じていきます。

シュガーを演じるマリリン・モンローがこの時に着ていたのが、黒いファーでトリミングされたシアーなネグリジェです。中に着たレースのスリップが透けてみえるばかりか、大きく開いた襟ぐりからは、豊満なバストがこぼれ落ちそう。他の楽団員がパジャマ姿、女装男子二人にいたっては体が隠れるロングのナイティという中で、このセクシーなシュガーのスタイルは際立っていました。

50年代にレトロな20年代を舞台にした映画を作るということで、『お熱いのがお好き』はモノクロで撮られています。白と黒のコントラストが利いたシュガーのネグリジェとランジェリーのコーディネートは、モノクロ画面でマリリン・モンローの白い肉体を引き立てるのにぴったりだったのです。

How to Steal a Million
おしゃれ泥棒

1966年／アメリカ

監督：ウィリアム・ワイラー

出演：オードリー・ヘプバーン、ピーター・オトゥール、イーライ・ウォラック、ヒュー・グリフィス、シャルル・ボワイエ

オードリー・ヘプバーンといえば、エレガンスの代名詞のような存在です。洗練されたドレスは似合うけれど、彼女のランジェリー姿はちょっと想像できない、という人も多いのでは。「下品なシーンがあるから」という理由で、ヒッチコックの映画の出演を断ったこともある女優です。ところが、オードリーがランジェリーに近いスタイルで登場する映画があるのです。それがウィリアム・ワイラー監督の『おしゃれ泥棒』。この映画でオードリーは、パリに暮らす贋作画家の娘、ニコールを演じています。

60年代後半の映画だけあって、この映画のオードリーは普段よりもちょっとグルービーです。彼女は白いピルケース・ハットに白いフレームのサングラスというスタイルで、真っ赤なアウトビアンキ・ビアンキーナのコンバーチブルに乗って颯爽と登場します。そんなオードリー扮するニコールの悩みは、父が贋作を美術館に売ったり、高値で貸し出したりしていること。そして案の定、父が美術館に提供したチェリーニのヴィーナス像のお披露目パーティがあった夜、事件が起きます。青い目のハンサムな泥棒が彼女の家に押し入り、父が描いた贋作のゴッホの絵を盗もうとしたのです。震える手で拳銃を持ち、彼に立ち向かう時にニコールが着ていたのが、ピンクのナイトガウンでした。裾と袖の側面、丸首の襟に白いレースがあしらわれた、とても上品で可愛らしいデザインのナイトガウンで、いかにもオードリーらしい。しかし、よく見るとスリットが入っていて、そこからのぞく素足がほのかにセクシーでもあります。シルクのこのナイトガウンをデザインしたのは、もちろん彼女の御用達ブランドのデザイナー、ユベール・ド・ジバンシィ。オードリーとは『麗しのサブリナ』（1954年）以来タッグを組んで、ファッショナブルな彼女のイメージを作ってきました。

ジバンシィのナイトガウンなら外で着ても平気！とばかりに、大胆なニコールはそのナイトガウンに黒い長靴を合わせ、鮮やかなショッキング・ピンクのコートを羽織って、車を運転してその泥棒をリッツ・ホテルまで送り届けます。そんな彼女に泥棒はおやすみのキスをします。ピーター・オトゥール演じるこの素敵な泥棒の正体は、美術が専門の探偵。ヴィーナス像をめぐる疑惑を調査中のところ、ナイトガウンの彼女に一目惚れしてしまったという設定でした。ランジェリー姿でのキスといえばラブ・ストーリーのクライマックスだけど、この映画の場合は始まり。そこが洒落ています。

Grease
グリース

1978年／アメリカ

監督：ランダル・クレイザー

出演：ジョン・トラヴォルタ、オリヴィア・ニュートン＝ジョン、ストッカード・チャニング、ジェフ・コナウェイ

ロックンロールなミュージカル映画として大ヒットした『グリース』の舞台は1958年の夏。共にティーンのダニーとサンディは海辺のリゾートで恋に落ちます。しかしサンディがオーストラリアに帰国するため、夏休みの終わりと共に二人は離れ離れに。ところが、運命が急変し、サンディがアメリカの高校に転校してくると、そこには愛しのダニーが！　夏休み中はリゾート・ルックのために分かりませんでしたが、実はダニーはポマードでリーゼント・スタイルに頭を固め、革ジャンを着て車を飛ばしカー・レースに明け暮れる不良だったのです。優等生のサンディはそんな彼を見て、ショックを受けます。

彼女をかわいそうに思った同級生のフレンチーは、彼女を仲間達とのパジャマ・パーティに誘います。フレンチーの仲良しは「ピンク・レディース」を名乗るバッド・ガールズ。いつもはグループ名の入った揃いのピンクのジャンパーを着ている「ピンク・レディース」が、パジャマ・パーティでは思い思いの格好をしているのが可愛い。リーダー格でシニカルなリゾはパンティの上に男物らしき紫のシャツをはおってセクシーに決め、いつもみんなを笑わせてくれるムード・メイカーのプッツィーはパジャマの上にグレーのスウェットのプルオーバーとリラックスしたスタイル。

注目したいのは、美容学校を目指しているフレンチーと男子に人気のマーティが着ているベビードールです。ショーツがのぞくほど短いナイトガウンのベビードールはもともと、繊維不足の第二次世界大戦中に考案された〝省エネスタイル〟でした。しかし１９５６年、『ベビイドール』で主演のキャロル・ベイカーがこのナイトガウンで登場すると人気に火がつき、映画にちなんで〝ベビードール〟と呼ばれるようになります。ベビードールはナイトウェアの世界に、コケティッシュな若い雰囲気のセクシーさを持ち込みました。フレンチーとマーティもきっと、その流行に乗った女の子たちだったのでしょう。

それぞれカーラーを巻いた髪をブルーやピンクのネットで留めているところにも、時代を感じます。マーティはベビードールの上に、海軍の彼氏が送ってきたという刺繍入りのローブを羽織って、見せびらかしていました。

一方、サンディが着ているのはくるぶし丈の慎ましいバラ模様のネグリジェ。胸元はしっかりと閉じられています。

そんな彼女をからかって、リゾたちが歌うシーンがこのパジャマ・パーティのハイライトです。

Lost in translation

ロスト・イン・トランスレーション

2003年／アメリカ・日本

監督：ソフィア・コッポラ

出演：ビル・マーレイ、スカーレット・ヨハンソン、ジョヴァンニ・リビシ、アンナ・ファリス

映画監督の夫について東京に来た若い女性のシャーロット（スカーレット・ヨハンソン）と、ＣＭ出演のために来日したハリウッド俳優のボブ（ビル・マーレイ）。それぞれに孤独な二人が出会い、恋とも友情ともつかない、淡い関係性を結ぶ様子を描いた映画『ロスト・イン・トランスレーション』。

ストーリーは印象的なシーンで幕を開けます。ホテルのベッドに横たわるシャーロットの後ろ姿の腰のアップです。上半身は映さず、見えるのはシースルーのピンクのショーツに包まれたヒップだけ。インパクトのあるオープニングでした。このショーツはニューヨークのブランド、Araksのもの。ソフィア・コッポラやキルスティン・ダンストが愛用していることで知られていて、この映画によって更に人気に火がつきました。

ホテルの部屋で一人過ごすシャーロットは、いつもキャミソールとショーツにグレイのプルオーバーかシャツを羽織っているだけのスタイルです。彼女はそんな無防備な姿で窓辺にもたれて、東京の夜景を眺めています。普通は下着姿で過ごしている女性を見ると、彼女のプライベートな空間に侵入してしまったような気持ちになるものですが、この映画のシャーロットはシャボン玉の膜のようにはかなく透明な、孤独のバリアに守られているかのようです。それはシアーだけどしっかりとヒップを包んでいるランジェリーにも似ています。

このショーツのアップは、アメリカの画家ジョン・カセールの絵画を基にしていると言われています。

カセールはリアリスティックな画風で有名なアーティスト。彼がいつも描いていたのが、シルクのスリップやネグリジェがめくれた状態の下着姿の女性のヒップのアップでした。女性が身につけているショーツはコットンやシースルー、レースと様々で、時にガーターベルトをしていることもあります。顔や全体像が見えない分、想像力をかきたてられるエロティックなポートレートです。

『ロスト・イン・トランスレーション』に主演した時、スカーレット・ヨハンソンはまだ十八歳。最初は自分のヒップがスクリーン一杯に大写しになるこのセクシーなシーンに難色を示していたそうです。

そこで監督のソフィア・コッポラが先にショーツを身につけて実演。それを見てヨハンソンも納得し、安心して撮影に臨んだという話です。女性監督であるソフィア・コッポラが撮るヒップのアップには、セクシーというよりもインティメイト（親密な）という言葉がしっくり来るムードがあります。

Personal Shopper
パーソナル・ショッパー

2016年／フランス

監督：オリヴィエ・アサイヤス

出演：クリステン・スチュワート、ラース・アイディンガー、シグリッド・ブアジズ、アンデルシュ・ダニエルセン・リー、タイ・オルウィン

オリヴィエ・アサイヤスの映画でクリステン・スチュワートが演じるモウリーンの職業は、作品のタイトルでもある『パーソナル・ショッパー』。忙しいセレブリティや富裕層のクライアントに代わって、服飾品などの買い物を代行するのが仕事です。モウリーンはパリでクライアントのキーラが公式行事やプライベートで着る服や靴を集めるためにブティックやショウルームを回り、プジョーのスクーターで忙しく動き回っています。

パリからロンドンに日帰りで出張し、いつも大荷物を抱えている彼女自身の服装はシンプルで実用的なもの。黒のポロシャツやセーターにジーンズ、スニーカー、革ジャンというのがいつものスタイルで、仕事のために集めるきらびやかな最先端ファッションとは対照的です。

モウリーンが決して好きとは言えないこんな仕事をしてパリにとどまるのには、理由がありました。霊的な力を持つ彼女は、この街で亡くなった双子の兄からのスピリチュアルなメッセージを待っていたのです。

その兄が亡くなった屋敷で霊を見た夜から、モウリーンの周囲で異変が起きます。執拗に彼女に匿名のショート・メッセージを送ってくる相手の正体は何者なのでしょう。赤の他人にしてはモウリーンのことを知りすぎています。ストーカー？ それとも亡くなった兄と同じく精神が過敏な彼女が霊の世界から呼び込んでしまった存在？

キーラはショッパーであるモウリーンに自分のために集めてきた服を試着することを禁じていましたが、匿名の相手が送ってきたメッセージの挑発に乗るように、彼女はキーラのいないマンションでクライアントのための服に袖を通します。私服を脱いだモウリーンが身につけているのは、黒のシンプルなタンガだけ。彼女はキーラが床に脱ぎ捨てていったと思しき黒のシアーなブラレットをクローゼットで見つけ、それを身につけます。更にその上からハーネスをつけ、アンダーパンツを下半身に重ね、黒のシルクオーガンザのドレスを着るのです。下のハーネスとランジェリーもコーディネートの一部となっている、透ける素材のドレスです。

真夜中、明かりのついていないマンションで禁じられた服を着るクリステン・スチュワートのランジェリー姿には、神秘的な風情がありました。

オーガンザのドレスも素敵でしたが、ブラレットとハーネスだけのスタイルで、あの黒のビジュー付きのハイヒールを履いて欲しいと思ってしまったほどです。

Desperately Seeking Susan

マドンナのスーザンを探して

1985年／アメリカ

監督：スーザン・シーデルマン

出演：ロザンナ・アークエット、エイダン・クイン、マドンナ、マーク・ブラム

1984年、ポップ・ミュージックの世界における女の子像を大きく変えるスターが誕生しました。セカンド・アルバムの『ライク・ア・ヴァージン』が大ヒットして、スターダムに上りつめたマドンナです。過激でキャッチーなメッセージに溢れた歌だけではなく、彼女はファッションにおいても当時の若い女性たちを牽引する存在になっていきます。MTVのビデオ・ミュージック・アワードではレース・ビスチェのウェディング・ドレスの衣装で「ライク・ア・ヴァージン」を歌い、センセーションを巻き起こします。レースなどの透ける素材のトップスから下に着たブラジャーを見せる着こなしや、ビスチェのトップスなど、ポップなファッション・アイテムとしてランジェリーを用いたスタイリングもマドンナのトレード・マークの一つでした。

同じ頃に撮影された出演映画が『マドンナのスーザンを探して』です。映画のオーディションに受かった頃はまだ音楽界で駆け出しの存在でしたが、撮影中に急に有名になったため、ニューヨークでマドンナがロケ撮影をしていると大騒ぎになったそうです。この映画でマドンナが演じるスーザンは、気ままに生きている女の子。彼女が気まぐれを起こして、一晩を共にした相手からイヤリングを盗んだことで騒動が巻き起こります。彼女の行方を追う者による「スーザンを探している」という新聞広告に目をとめたのが、この映画のもう一人の主人公である平凡な主婦、ロバータです。郊外の生活に退屈していたロバータが好奇心にかられて、広告に書いてあった待ち合わせ場所に出かけたことで、事態はますますややこしいことになっていくのです。

ここでマドンナが演じたスーザンは、80年代のニューヨークのダウンタウンに現れた『ティファニーで朝食を』（1961年）のホリー・ゴライトリーみたいなキャラクター。元祖下着ファッションの女王であるマドンナらしいスタイリングも数多く登場します。

黒のブラが透けてみえる黒いレースのトップスにピラミッドが背に描かれた革ジャンを羽織ったコーディネートは、映画のファッション史に残るものになりました。この映画のマドンナのランジェリー・ファッションで取り分けキュートだったのは、ロバータの家のプールや部屋でスナックを食べて寛ぐ時に彼女が着ていた男物の白いランニングシャツとストライプのボクサー・ショーツの組み合わせ。そこにガーターと白いレースのストッキングを合わせるところが、マドンナらしいガーリーなセンスです。

Young Adult

ヤング≒アダルト

2011年／アメリカ

監督：ジェイソン・ライトマン

出演：シャーリーズ・セロン、パットン・オズワルト、パトリック・ウィルソン、エリザベス・リーサー

シャーリーズ・セロンといえば、身長１７７センチ、バレエで鍛えたすらりと長い脚が魅力の美女。その完璧なスタイル故か、キャリアの初期は金髪の危険なファム・ファタールの役を演じることが少なくありませんでした。注目されるきっかけとなった『2days トゥー・デイズ』（１９９６年）では、保険金目当ての殺人計画に加担するセクシーな美女の役。シースルーのボディスーツで現れるシーンが鮮烈でした。どんなに大胆なランジェリー姿でも生々しさを感じさせないほど、パーフェクトな肉体の持ち主。『ヤング≒アダルト』の監督のジェイソン・ライトマンと衣装デザインのデヴィッド・C・ロビンソンは、そんなシャーリーズをかっこ悪く見せることは至難の技だったと認めています。この映画で彼女が演じるのは、ヤングアダルト小説のゴーストライター、メイヴィス。栄光の高校時代を忘れられず、三十代になってもティーンのように振る舞う〝痛い〟女性です。彼女がどんなに荒んだ生活をしているか、映画の冒頭を見れば明らかです。散らかった部屋でメイヴィスは、ベッドにうつ伏せになって眠っています。前夜、着替えもせず、酔っ払って眠ってしまったことがありありと見て取れます。

起きて歯を磨きながら彼女はＴシャツの下に手を入れて、シリコン・ブラを引きはがします。一晩中貼りついていたブラは肌に密着してなかなか取れないのか、痛そうなシーンでした。ストラップやアンダーベルトがなく、直接肌に貼りつけて胸をホールドするシリコン・ブラは、もともと乳ガン患者向けの医療メーカーが開発したもの。２００２年に発売されると、まるでノーブラのように見える自然さや利便性が受けて人気商品となりました。

このメイヴィスのシリコン・ブラが利いてくるのが、映画のラスト近くです。かつての恋人が結婚し、子供が産まれると知ったメイヴィスは故郷の田舎町に鼻息荒く現れますが、地元に落ち着いて大人として生活を送るかつての同級生たちは、誰も高校時代の元女王をまともに相手にしようとしません。唯一、彼女と心を通わせるのはハイスクールの負け犬だったマット（パットン・オズワルト）です。

孤独なメイヴィスは、不幸な事件でセックスの出来ない体となった彼と一夜を共にします。その時、泣きながら服を脱いだ彼女の胸に張り付いていたのがシリコン・ブラでした。抜群のスタイルがかすんで見えるほど、パンティ・ストッキングにシリコン・ブラのメイヴィスは滑稽で悲しげで、だからこそこのシーンの切なさが際立ちました。

column

5

映画の場面を描くということ

映画を観るとき、皆さんは何に注目して観ているでしょうか。私は、今までは映画を観る時には、雰囲気が好きだったり、登場人物に共感できたり、話を面白いと感じたり、結末にメッセージ性を感じたり、思ったことを後からメモがわりにレビューしたりしながら、私なりに映画を分析しながら観ていたつもりでした。

映画のワンシーンを描くというご依頼をいただいてからは、こんなに何度も目を凝らしながらその背景にある物を観たり、登場人物の装いの素材を想像したりしながら絵を描いたことはないというくらい、細部に着目しながら映画を観ました。絵にする以上、主人公の背景にある小さな、小物と言えどよく観ることからスケッチが始まります。

映画の場面を描いていく中で、色々なことに気づかされました。登場人物の装いの色と、背景にあるインテリアの色みが統一されていたり、インテリアでも何色か色数を限定して登場させていたり、当たり前かもしれないけれども、一場面一場面にきちんとしたコーディネートがされています。

絵の具で塗る時には大抵同じ系統の色を3色くらい、濃淡を変えながら何度も使います。画面の構成の仕方としても、映画のワンシーンは絵に置き換えると非常に参考になりました。

絵に描く対象の人物がどのような人物であるかということも、絵にする上では大切なように思います。私はイラストレーターとして女性を多く描いているけれども、その人物がどんな人物かは、その人の内面性が外に現れた結果、外側に表現されているものだという考え方のもと、描くことが多くあります。

映画では特に、その中で人物が着ている服や持ち物、髪型などにその人の内面性がよく現れている場合が多く、本書のテーマでもあるランジェリーやファッションが人の内面と密接に関わり合っているのが、観ていてとてもおもしろく興味深いところです。映画を観る上でのワンポイントであり、現実世界でもそれは当てはまるのではないでしょうか。

ストーリーを追っているうちに、だんだんその人物に思い入れが出てきて、記憶にも定着するので、ファッションを真似したくなったり、あの人物があの場面で使っていたアレがほしい！となったり、あの映画のような部屋に私もしたい！となったりもします。そして、自分の個性が表れたモノを大事に身の回りに置きたくなります。あの映画のヒロインのように。絵にするとなるとその気持ちは一層強くなります。

今回たくさんの映画を細部まで観て、個人的な感想として総じて言えることは、昔の映画はすごいということ。

この本でも取り上げられているもので、特に私が好きなのは『女は女である』『卒業』『おしゃれ泥棒』『お熱いのがお好き』『バターフィールド８』など。今の時代の映画のように映像は鮮明ではないし、白黒だったりもします。大きな爆発も起きないし、特別な能力を持った登場人物も現れない。普通の日常の中で展開していくストーリーがとてもおもしろい。アナログ感が味わい深い。観終わった後に、「ああ、いいものを観た」と思います。ワンシーンずつ一時停止ボタンを押して、絵に描きたくなるシーンが多くありました。

　余談ですが、私の母は中学生くらいの頃から洋画が好きで、60年代の映画にとても詳しい人です。今回絵を描くにあたって、古い映画について聞くと、女優さんのことまで細かく知っていたので驚きました。様々な時代の映画を観ていると、母がその時代の映画にハマった理由がよくわかります。

本企画の全ての関係者の皆様には、このような素敵な機会を与えてくださり、大変感謝いたします。気づかされることが多く、とても勉強になりました。

　山崎まどかさんの様々なジャンルの映画や小説（本書でも、マフィアものからコメディまで様々！）における知識の深さには毎回すごい……としか言えない気持ちでいます。また、それが文章を読んでいるとスッとフラットに伝わってくるのも、山崎さんならではの文章の魅力なのかもしれません。表面だけではなく、作品が制作された背景を知ることによって、より一層深く理解すること。それにより、作品の深い魅力にハマっていく。

　本書のいち読者としても、これからの人生で映画や小説をより一層楽しめそうです。

イラストレーター　おおやまゆりこ

LINGERIE IN CINEMA

SCENE 6

ドレスの下の戦闘服

Erin Brockovich

エリン・ブロコビッチ

2000年／アメリカ

監督：スティーヴン・ソダーバーグ

出演：ジュリア・ロバーツ、アルバート・フィニー、アーロン・エッカート、マージ・ヘルゲンバーカー

『エリン・ブロコビッチ』でジュリア・ロバーツが演じたのは、三人の子供を抱えるシングル・マザーです。仕事もお金もなく、生活はいつもギリギリ。そんな中、車の衝突事故にまで遭うのだから、本当についていない人生と言えます。

でもエリンは、そんなことでへこたれるようなヒロインではありません。怪我をしても事故の和解金を手に入れられなかった彼女は、この案件を担当した弁護士のエドの事務所に押しかけていきます。そのガッツが認められて事務の仕事をもらうようになったエリンは、事務所の書類を整理しているうちに、とある大手の電気・ガス会社が引き起こしたカリフォルニアのある地域の水質汚染問題に気がつくのです。

企業による汚染とその隠蔽を追及して、被害を被った周囲の住人たちのために多額の補償金を勝ち取ったエリン・ブロコビッチの物語は実話であり、胸のすくようなサクセス・ストーリーです。この問題の調査をしている時も、エリンは貧しいシングル・マザーとしての自分を偽ることなく、堂々と大企業の顧問弁護士に立ち向かいます。普段の彼女の服装は、大きく胸元が開いたブラウスやぴったりしたトップスにミニスカート、そして襟ぐりからのぞくプッシュアップ・ブラというスタイル。１９９０年代にワンダーブラが大ヒットして以来、バストの下部に当たるところにパッドなどを仕込んで胸を寄せて上げるプッシュアップ・ブラは、バストの谷間を強調したい女性たちにとって欠かせないものになりました。ナチュラルにバストを包むワイヤーレス・ブラが流行の今から見ると、この戦闘的ともいえるスタイルはちょっと懐かしい感じもします。

このファッションのせいで、本来ならば被害者のはずの追突事故の裁判で陪審員から偏見を持たれて、彼女は和解金を得ることが出来なかったのではないでしょうか。エリンと一緒に企業に立ち向かうことになった弁護士のエドも、当然、そんな彼女の服装を問題視しています。それでも、エリンは服装を改めるようなことはしませんでした。そんな彼女だからこそ、水質汚染によって苦しむ労働者階級の人たちも心を開き、エリンのために証言したのです。エリンのプッシュアップ・ブラで持ち上げたバストは決してあきらめない、前向きな女性の勇気の象徴とも言えるものでした。大胆な服装でも過剰にセクシーになることのない、さっぱりとしたエリン・ブロコビッチを演じて、この映画でロバーツはアカデミー賞の主演女優賞に輝いています。

Weird Science
ときめきサイエンス

1985年／アメリカ

監督：ジョン・ヒューズ

出演：アンソニー・マイケル・ホール、イラン・ミッチェル＝スミス、ケリー・ルブロック

学校の人気者でもなくて、女の子にもちっともモテない男子高校生二人が、憧れの女優やグラビア・アイドルの写真をデータとしてコンピューターに取り入れたら、奇跡が起きてそこから彼らの理想の女性が出現！ ……ジョン・ヒューズの80年代のティーン・コメディ『ときめきサイエンス』は、そんな映画です。さて、ティーン男子のファンタジーから生まれた女性はどんな服や下着を身につけているのでしょう？ 二人の主人公男子が創造してしまった〝夢の女〟リサを演じるのはモデルから女優に転身したケリー・ルブロック。『ウーマン・イン・レッド』（1984年）などの主演で話題をさらった、いかにも80年代らしいゴージャスで大柄な美人です。こういう80年代のコメディで十代の男子の妄想を具現化した女性というと、分かりやすくセクシーなレースや、レザーの扇情的なランジェリー姿の女性が思い浮かびます。あるいは、オール・ヌードで現れてもおかしくない。でもこの映画でコンピューターから出現したリサが着ているのは、白いラインの入ったブルーのシンプルなショーツに、短い丈のクロップドトップス。トップスはハイネックで、よく見ると袖にショーツと同じ色のラインが入っているところが洒落ています。その裾からのぞくアンダーバストから細いウエスト、平らなお腹へのラインが何ともスリムで美しい。

ルブロックの完璧なスタイルを最大限に活かしたコーディネートです。セクシーだけど下品ではなくて、スポーティな雰囲気もあります。当時の『スポーツ・イラストレイテッド』誌のグラビアのイメージです。時代が一回りして、今、このスタイルはとてもフレッシュに映ります。似たような題材の他のコメディが忘れられた中で、『ときめきサイエンス』が今も青春コメディの名作として残っている背景には、そんなところもあるのでしょう。この映画のリサはただの誘惑のお人形さんではなく、内気な若い男の子たちのお尻を叩いて人生を経験させる、姉のような存在として描かれています。当然、セクシーなシーンはありません。男の子が好きにしていいような存在ではないのです。

リサのキャラクターは、当時の似たようなティーン・コメディの都合の良いセクシーな役とは、一味違います。主人公たちが自分の殻を破ってリアルな女の子や同級生と関係が築けるように指導していく彼女は、人生のコーチのようです。スポーティなショーツはそんなキャラクターを表現するのに、ぴったりです。もしかしたら、ティーンの男子にとって真に理想的な年上の女性というのは、リサのような人なのかもしれません。

Keeping Up with the Joneses

Mr. & Mrs. スパイ

2016年／アメリカ

監督：グレッグ・モットーラ

出演：ザック・フィナーキス、ジョン・ハム、アイラ・フィッシャー、ガル・ガドット

『Mr. & Mrs. スパイ』の舞台はアトランタ郊外のありふれた住宅地。子供をサマー・キャンプに送り出したギャフニー夫妻の隣家に、新しい住人が引っ越してきます。現れたティムとナタリーのジョーンズ夫妻は、平凡なこの地域にそぐわないような美男美女。それぞれ紀行作家と料理ブロガーを名乗っていますが、何かがおかしい。ひょっとしてスパイだったりして？　疑問に思ったカレン・ギャフニーはナタリーを尾行し、そこで見つけたものを夫のジェフに報告しようとするのですが、ランジェリーの試着室で逆にナタリーに詰め寄られてしまいます。ナタリーを演じるのは、翌年『ワンダーウーマン』（2017年）で大ブレイクを果たすガル・ガドット。ティムを演じるのはドラマ『マッドメン』で知られるジョン・ハム。確かに完璧すぎる美形カップルです。ルックスだけではなく、スタイルも一般人とかけ離れています。一方、ギャフニー夫妻を演じるのは親しみやすい雰囲気のザック・ガリフィナーキスとアイラ・フィッシャー。フィッシャーはコケティッシュな役も出来る女優ですが、この映画では平凡な主婦の役が似合っていました。

試着室から現れたナタリーが着ていたのは胸元と背中にチュールが張られた黒のロングライン・ブラと黒のガーターというセクシーでゴージャスなランジェリー。鍛え抜かれた見事なスタイルと共に、デコルテに繊細な刺繡が施されたブラジャーに目がいきます。イタリアの高級ランジェリー・ブランドのラペルラの商品であるこのロングライン・ブラは袖のようなストラップといい、背中のジッパーといい、まるでイヴニング・ドレスのトップスのようです。ナタリーはランジェリー姿だけど決して無防備ではなく、きちんとドレスアップしている印象です。彼女は恐らく、その下にまだ何かを隠しているのです。

ランジェリーを試着しながら夫に電話をするのが好きというナタリーは、退屈な生活に安住しているカレンに下着のアドバイスを始めます。人の心理を操るのが上手なナタリーは、カレンの胸の奥に隠れている冒険願望を見抜いたのかもしれません。カレンがその夜、主婦らしい花柄のローブを夫の前で脱ぐと、サテンのガーター付きの淡いグリーンのセクシーなコルセレットが現れます。

彼女を演じるアイラ・フィッシャーのランジェリー姿もなかなか決まっていました。そして彼女がこのランジェリーを身につけた時から、ギャフニー夫妻はジョーンズ夫妻の本当の使命に巻き込まれ、危険でスリリングな冒険に乗り出すことになるのです。

The Wolf of Wall Street

ウルフ・オブ・ウォールストリート

2013年／アメリカ

監督：マーティン・スコセッシ

出演：レオナルド・ディカプリオ、ジョナ・ヒル、ジャン・デュジャルダン、ロブ・ライナー、
ジョン・バーンサル、マーゴット・ロビー

マーティン・スコセッシ監督の『ウルフ・オブ・ウォールストリート』は顧客を騙して安価なペニー株を売りつけることで莫大な資産を築いた株式ブローカー、ジョーダン・ベルフォートの一代記を描いた映画です。レオナルド・ディカプリオがベルフォートを演じて話題になりましたが、この作品でベルフォートの二番目の妻の役に抜擢されてハリウッドでブレイクしたのが、オースラリアから来た若手女優のマーゴット・ロビーでした。

マーゴットが演じるナオミは元モデルでキャンペーン・ガール。別の男と共にパーティに現れて既婚者のベルフォートの心を奪った彼女は、典型的なトロフィー・ワイフ（男性が社会的な地位を誇示するために結婚する若くて美しい女性）です。もちろん、ナオミの方もベルフォートが自分をステイタスの一部だと思っていることは承知のはず。それでも傷つかず、自分の立場を享受する彼女はなかなかしたたかな女です。

冒頭、ベルフォートが車や邸宅と並んで美しい妻を自慢するショットで、ナオミはブラとパンティのランジェリー姿で登場します。高級ランジェリーの代名詞ブランド、ラペルラのもので、淡い金色のシルクとチュール・レースの上下が彼女の金髪と肌のトーンにぴったりマッチして色が溶け合うかのようです。そのせいかヌードでいるよりも、更に裸であるかのような印象を受けます。

実はナオミのキャラクターは、モデルの他にランジェリーのデザインも手がけているという設定なので、他のシーンでもランジェリー姿でスクリーンに登場することがしばしば。ベルフォートを落とすためにオール・ヌードで現れるインパクトの強いシーンでも、彼女は黒いレースのガーター・ストッキングとハイヒールを脱ぎませんでした。どうすれば抜群のスタイルの肢体を引き立てられるか、下着の専門家であるこのヒロインは熟知しているのでしょう。すれ違いが続くベルフォートと激しく喧嘩する場面でも、彼女が着ているのはラペルラのミッドナイト・ブルーのシルクのキャミソールでした。

一歩間違えればただの資産家目当ての〝ゴールド・ディガー〟になってしまう女性の役で、マーゴット・ロビーは見事にスターの座をつかみました。大スターのディカプリオを相手にしても、引けを取らないような美貌と才能に恵まれていたのはもちろんですが、魅力的なランジェリー姿の数々も彼女のスターダムに一役買っているのではないかと思います。

We're the Millers

なんちゃって家族

2013年／アメリカ

監督：ローソン・マーシャル・サーバー

出演：ジェニファー・アニストン、ジェイソン・サダイキス、エマ・ロバーツ、ウィル・ポールター

ジェニファー・アニストンの若々しさには、いつも驚きます。大ヒットしたシットコム（シチュエーション・コメディ）の『フレンズ』が終わってもう16年が経ちますが、彼女のルックスはあの頃、レイチェルを演じた時の可愛らしさのまま。スタイルも相変わらず抜群です。きっと絶え間ない努力の賜物なのでしょう。

〝アメリカの恋人〟の地位に君臨し続けるアニストンの魅力が最大限に発揮されるのは、なんといっても明るいコメディです。『なんちゃって家族』の彼女の役はストリッパーのローズ。

ローズはメキシコから麻薬を運び出す羽目になった同じアパートの住人デヴィッド（ジェイソン・サダイキス）のために、キャンピング・カーで旅行中の家族のふりをすることに同意します。彼女と一緒に〝家族〟になるのは、ホームレスの少女ケイシー（エマ・ロバーツ）と冴えない男子のケニー（ウィル・ポールター）。即席の〝ミラー家〟のママになったローズは、普段のストリッパーらしいスタイルからガラッと変わって、チノパンと地味なスニーカーというファッション。一般人に扮しても様になるのが、アニストンのいいところです。

ところが、ドラッグディーラーたちに追いつめられて即席の偽家族が危機に陥ると、彼女は豹変。倉庫でセクシーなラップダンスを披露して、ディーラーたちをなだめようとします。踊りながらチノパンを脱ぎ、ブラウスのボタンを外すと、アイボリー・ホワイトのレースのランジェリーが登場。ショーツが控えめなボーイズレングスなところが、返ってダンサーらしい感じです。

ストリップ・バーでの仕事の時は扇情的な黒の下着姿だったことを考えると、こちらの方が普段の彼女により近いという設定なのでしょうか。下着の方も主婦コスプレをしたという訳ではなさそうです。これ以上にシンプルな下着だったらダンスをしてもダサく見えるかもしれないし、赤や黒のランジェリーだったらいかにもで、意外性がない。絶妙なセレクトのランジェリーと言えます。

ローズがダンスする時にかかるのはエアロスミスの「スウィート・エモーション」。これはアニストン本人がこのシーンのために選んだ曲だという話です。彼女の誕生日パーティでスティーヴン・タイラー本人がアニストンに歌ってくれたという、思い出の曲なのだとか。

このシーンで驚くのは、年齢を全く感じさせないアニストンの鍛えられたボディと、あっけらかんとした明るいセクシーさ。他の人だったら、こうはいきません。

Now You See Me 2

グランド・イリュージョン　見破られたトリック

2016／アメリカ

監督：ジョン・M・チュウ

出演：ジェシー・アイゼンバーグ、マーク・ラファロ、リジー・キャプラン

『グランド・イリュージョン』（２０１３年）はラスベガスで大掛かりなマジック・ショーを披露する間に銀行強盗を働くイリュージョニスト集団、フォー・ホースメンの活躍を描いたクライム・サスペンス映画でした。彼らを主役にした第二弾となる『グランド・イリュージョン 見破られたトリック』の主な舞台は中国のマカオ。天才エンジニアのウォルター（ダニエル・ラドクリフ）に誘拐された四人のマジシャンは、今度は彼からの依頼で世界中のコンピューター上の情報を収集できるチップを盗み出すことになります。

前作のフォー・ホースメンの紅一点はアイラ・フィッシャーが演じるヘンリーでしたが、フィッシャーは妊娠により続編を降板。代わりに華麗なマジシャンの犯罪集団の仲間入りをしたのが、リジー・キャプラン演じるルーラです。コケティッシュな赤毛のアイラ・フィッシャーと比べると、知的でクールな雰囲気が漂う新メンバーですが、マジックの腕前は上々です。

この映画のハイライト・シーンの一つが、四人のマジシャンが重警備の金庫から防犯装置をかいくぐってチップを持ち出すシーン。彼らはカードの形状をしたチップをトランプのように操って、次々と別のメンバーにリレーしていきます。袖口や手のひらにチップを隠し、警備員やボディ・ガードが身体検査をしている間に、他のホースメンにチップを放って渡すのです。どうやって撮影したのか分からない、トリッキーでスリリングな場面として話題になりました。

このシーンでルーラが着ているのは、ファーのコートと黒のカクテル・ドレス。ウエストのサイドがひし形にカットされているセクシーな衣装で、スレンダーなリジー・キャプランによく似合います。ボディガードに身体チェックを求められた彼女はコートを脱ぐだけではなく、「タネも仕掛けもない」とでもいうようにこのサイドのカットからドレスの中に手を入れてストラップレスのブラジャーを外して、彼らに見せます。ボディガードの男性たちは彼女に下着を見せつけられて恥じらいますが、実はこれは目くらまし。ルーラはその黒のレースのブラのパッドの裏地にチップを隠していたのです。ルーラはブラを床に落とすふりをしてチップを他のメンバーに渡します。

セクシーな女性マジシャンにしか使えない、大胆なテクニックです。ランジェリーがイリュージョンに一役買った瞬間でした。しかしボディガードの中に女性がいたら、ブラの裏まで見せるように要求したかもしれません。

American Hustle

アメリカン・ハッスル

2013年／アメリカ

監督：デヴィッド・O・ラッセル

出演：クリスチャン・ベイル、ブラッドリー・クーパー、エイミー・アダムス、
ジェレミー・レナー、ジェニファー・ローレンス

デヴィッド・O・ラッセル監督の『アメリカン・ハッスル』は、１９７０年代にアメリカで起きた収賄事件を基にしたコメディ・タッチの映画です。

舞台は１９７８年。クリスチャン・ベイル演じるアーヴィンはクリーニング店を経営しながらその裏で詐欺を働く小悪党でしたが、愛人シドニーと組んで融資がらみの詐欺に手を染めるとＦＢＩに目をつけられるようになります。ＦＢＩは逮捕されたアーヴィンとシドニーに交換条件を持ちかけます。四人の詐欺師を突き出せば罪に問わないというのです。

ところが、詐欺師仲間を逮捕させるために打った芝居がどんどん大きく膨れ上がり、ＦＢＩとアーヴィンたちは政治とマフィア絡みの大事件に関わるようになっていきます。

オール・スター・キャストのアンサンブルと共に、シドニーを演じるエイミー・アダムスの大胆な70年代ファッションも話題になりました。彼女は基本ノーブラで、胸の谷間どころかウエストまで切り込んだ深いネックラインのブラウスやカシュクール、ボディ・コンシャスな服が好み。それは彼女にとって、詐欺行為に欠かせない〝戦闘服〟です。シドニーはそのセクシーさで男たちを翻弄します。

しかし、アーヴィンの妻ロザリンを演じるジェニファー・ローレンスも負けていません。ロザリンは精神が不安定で、しょっちゅうトラブルを起こす厄介な女性。しかし、血のつながらない息子である彼女の連れ子を溺愛するアーヴィンは彼女と別れられないでいます。離婚を持ち出せば、ロザリンに詐欺の仕事をバラされる危険性もある。しかもこのロザリン、危険な魅力を持つナイス・ボディの美女でもあるのです。別れ話を持ちかけられると、彼女はさっとローブを脱ぎ捨て、真っ白なボディスーツで猫のように身をくねらせてアーヴィンに迫ります。

何の飾りもついていない、シンプルなワンピースの水着のようなボディスーツは、エイミー・アダムスが着るデコラティブなクロシェ編みの白い水着と対照的です。この白いボディスーツは、物語の中盤、アトランティック・シティのカジノで収賄絡みのパーティが開かれる時にロザリンが着る白いドレスの前奏曲になっています。後ろスリットで背中の大きく開いたロザリンのイブニング・ドレスは、まるでランジェリー。彼女はそのスタイルで、胸の開いたラメのドレスのシドニーと対決します。

二人の女の邂逅を描いたトイレの場面は、この映画の忘れがたい名シーンとなりました。

Maps to the Stars

マップ・トゥ・ザ・スターズ

2014年／カナダ・アメリカ・ドイツ・フランス
監督：デヴィッド・クローネンバーグ
出演：ジュリアン・ムーア、ロバート・パティンソン、ジョン・キューザック、ミア・ワシコウスカ、サラ・ガドン

デヴィッド・クローネンバーグ監督の『マップ・トゥ・ザ・スターズ』はハリウッドのグロテスクな面を描いた作品です。この映画でジュリアン・ムーアが演じるのは、ハヴァナ・セグランドという大物女優。まだ美しく、若々しい彼女ですが、ハリウッドには次から次へと若くて美しい女優が現れます。スターの座や自分の仕事が奪われないか、彼女は不安でなりません。また、自分と同じくやはり女優で、若くして火事で死んだために伝説になった母親の影に苦しんでいます。ハヴァナは自分の母がかつて主演した作品のリメイクの企画を聞きつけ、どうにかしてその映画の役を得ようとしますが、彼女の計画は難航します。

そんなハヴァナが頼りにしているのが、セレブリティ御用達の心理学者スタッフォード・ワイス博士（ジョン・キューザック）です。彼の療法は独特です。ただ患者の話を聞くだけではなく、整体や気功も同時に行いながら問題を探っていくというスタイルを取っています。どこかお芝居めいている治療法ですが、ハヴァナはワイス博士を信用しきっていて、無防備な下着姿で彼にされるがままです。

この映画では大胆なヌードも見せるジュリアン・ムーアがためらいなく服を脱ぎ、ブラとショーツだけになる姿が印象的です。こんな怪しげな男にすがりつくほど、彼女が演じるハヴァナは孤独に蝕まれているのです。

最初のセッションの時はオレンジピンクの上下、二度目のセッションの時は黒いショーツにミッドナイト・ブルーのレースブラ。彼女が一流ブティックで買い物をしているシーンがありましたが、Tシャツとスウェットパンツの下につけているこのランジェリーも、一目で高級品と分かるもの。カジュアルなスタイルの時も下着には凝るところが、いかにもハリウッド女優です。

ハヴァナはいつまでも美しい完璧なハリウッド女優でいようとするあまり、既に内部が崩壊しています。パーソナル・アシスタントとして雇われた謎の少女、アガサ（ミア・ワシコウスカ）の目を通してそれが明らかになっていくのですが、アガサ自身も秘密を抱えていて……というストーリーでした。ハヴァナとの関係はねじれています。顔や体にひどい火傷の跡があるアガサはハヴァナを脅かす存在ではないはずですが、自分の優位性を確かめずにいられない大女優は、アガサと親密なリムジン運転手を車中で誘惑します。

こんなセレブリティの暗部を暴くような暗い物語の中でも、ジュリアン・ムーアは輝いています。

A Private War
プライベート・ウォー

2018年／イギリス・アメリカ
監督：マシュー・ハイネマン
出演：ロザムンド・パイク、ジェイミー・ドーナン、スタンリー・トゥッチ、トム・ホランダー

臆せずに激しい戦闘状態の紛争地帯に踏み込み、勇敢にレポートを続けた実在の記者メリー・コルヴィン。彼女を題材にした『プライベート・ウォー』（２０１８年）では、ロザムンド・パイクが黒い眼帯をつけてハードボイルドにメリーを演じています。彼女は２００１年、スリランカで銃撃戦に巻き込まれて左目を失いました。ＰＴＳＤ（心的外傷後ストレス障害）と闘いながら、メリーは何かに憑かれたかのように現場へと戻っていきます。

イラク、アフガニスタン、リビア。２０１２年にシリアの激戦区で女性や子供が多数死亡している事実を現場からライブ中継したメリーはその数時間後、政府軍の砲弾により命を落とします。

身も心もボロボロになりながら、それでも信念を曲げなかった強い女性。彼女は壮絶な場面の数々に遭遇しても、目を背けたりしませんでした。そのメリーの本心が垣間見えるシーンのランジェリーは忘れられません。

アフガニスタンで仲間の記者が殺された後、ショックを受けたメリーは水を張った洗面台に顔をつけ、どうにか正気を取り戻そうとします。ずっと彼女に付き添っていたカメラマンのポール（ジェイミー・ドーナン）は、彼女を落ち着かせるために個人的な質問を投げかけます。「その素敵なブラは何？」シャツを脱いだ彼女が着ているのは、ブラウンのレースで飾られた鮮やかなコバルト・ブルーのブラジャー。戦場でいつも防弾チョッキや革ジャンを着ているメリーからは想像できない下着です。メリーはポールに答えます。

「ただのブラなんかじゃない。これは高級ブランドのラペルラ。私が死体で掘り出された時、感銘を与えたいから」

実際のメリー・コルヴィンも華やかなラペルラのランジェリーと赤いネイルが好きだったと言います。実用一点張りの服装の下につけられたその美しいブラは、戦場記者としての彼女の矜持、プライドの象徴でもあります。

しかしそれと同時に、仕事に全てを捧げた女性が隠し持っていた柔らかな心を表しているようにも思えるのです。下着は防弾チョッキよりも、ずっと心臓に近いところにある。メリーは服を脱ぐ時にきれいなランジェリーを見て、自分が女性であること、人間であることを思い出して、壮絶な現場での慰めにしていたのかもしれない。胸を包むブラは、ギリギリのところで魂を守ってくれるものにもなりうるのかもしれません。

Hustlers

ハスラーズ

2019年／アメリカ

監督：ローリーン・スカファリア

出演：コンスタンス・ウー、ジェニファー・ロペス、カーディ・B、キキ・パーマー

リーマン・ショックで得意客だったウォール街の男たちが消え、閑古鳥が鳴くストリップ・クラブ。ストリッパーたちは男性を店に呼び寄せて金を使わせるため、危険な手口を思いつきます。２０１３年にニューヨークで起こった実際の事件をベースにしている『ハスラーズ』は、この街の経済格差をストリッパーの目線から描いた映画です。始まりは２００７年、まだ景気の良い時代。コンスタンス・ウー演じるデスティニーが一緒に暮らす祖母を養うために働き始めたストリップ・クラブで、ラモーナ（ジェニファー・ロペス）と運命的な出会いを果たします。ラモーナはクラブの絶対的な女王。彼女がフリンジのジャケットとシルバーの帽子で現れ、ステージのポールに手をかけた瞬間、店の雰囲気は一変します。ラモーナがジャケットを脱ぐと、その下はシルバーラメのフリンジがついたボディスーツの衣装。ボディスーツといっても、フロントはおへその下まで大きく開いていて、わずかに胸と下腹部を覆う布がアンダーバストと腹部の二箇所のチェーンで留まっているだけ。バックはほぼ全てが露わになっているＧストリングスのコスチュームです。ソング。タンガ。和製英語のＴバック。バックとサイドに細いストリングがあるだけのショーツには様々な呼び名がありますが、ストリッパーの衣装としてのショーツにはＧストリングスという名称がふさわしいでしょう。この呼び名の発祥には諸説ありますが、ストリップティーズ（ストリップショー）のダンサーたちは早くからギリギリまで裸身を見せられるGストリングスを愛用していました。文才もあった1930年代の人気バーレスク・ダンサー、ジプシー・ローズ・リーが書いたミステリーのタイトルはその名も『Gストリング殺人事件』（1950年）です。ジェニファー・ロペスはシンガーとして、大胆な露出度の高い衣装をいつも堂々と着こなしてきました。2000年のグラミー賞で着たヴェルサーチの〝ジャングルドレス〟はもはや伝説です。Gストリングスのボディスーツに臆することはありません。そう言えば、ラモーナの衣装のフロントの開き具合はこのジャングルドレスを思わせます。映画の衣装デザイナーがラモーナの衣装を考える時に、何よりも参考にしたのが当時のジェニファー・ロペス自身のスタイルだったということです。フィオナ・アップルの「クリミナル」でジェニファー・ロペスが踊るシーンは吹き替えなし。ポールにつかまった腕だけで全身を支え、逆さになって足を開く振り付けで彼女が見せたGストリングスのバック・スタイルは見事でした。エロティックというよりも、鍛え上げられた戦士のような背中です。

終わりに

ジャン・リュック＝ゴダール監督の『気狂いピエロ』（1965年）を久しぶりに再見したら、とても気になるランジェリーの描写を見つけました。ジャン＝ポール・ベルモント演じる主人公が、スリップをつけないでパーティのための服を着ている妻を見とがめるシーンです。

「いいのよ。私は〝スキャンダル〟っていう新しいガードルを履いているの。服に響かないのよ」

妻はそう言って、彼に雑誌の広告を見せます。アップになったその広告の宣伝文句は「私は〝スキャンダル〟のガードルで若々しさを取り戻した！」

ゴダールらしい、商業主義への風刺に満ちたシーンですが、期せずしてランジェリーの歴史を物語っている場面になっていて驚きました。この映画が撮られた60年代はスパンデックスが下着の素材として出回り始めて、それまでのコルセットやブラと一体となったガードルとは違う、パンティ・ガードルが補正下着の主役としてもてはやされるようになった頃だったのです。

『ランジェリー・イン・シネマ』のために映画から下着のシーンをピックアップするようになって、私には映画を見る視点がひとつ増えました。本書の中では〝オードリー・ヘプバーンのランジェリー姿は想像できない〟と書きましたが、このあいだ『ティファニーで朝食を』（1961年）で、彼女が黒いドレスのサイド・ジッパーを上げる時、黒いブラが一瞬のぞくのを発見しました。この時代で〝スリップを着ていない〟ホリー・ゴライトリーはちょっと蓮っ葉で大胆な女の子です。

こんな風に、ランジェリーは隠れた物語を映画や小説に忍ばせてきます。

そしてその物語には、どんどんバリエーションが増えてきています。

この連載をしている最中、下着の世界が大きく変わっていくのを見ました。ちょっと前までの完璧なスタイルのランジェリー・モデルに代わって、今では様々な体型の女性たちが下着の広告に登場します。リアーナのランジェリー・ブランド「フェンティ」のショーでは、多様な女性たちがそれぞれに自分の身体に誇りを持ち、セクシーに力強くランジェリー姿をアピールしていて感動的でした。

映画におけるランジェリーの形態もこれからどんどん変わっていくはずです。様々な体型や人種のヒロインたちが下着でどんなストーリーを演じるのか。とても楽しみです。

ウェブマガジン『momo life』で連載をしている時から、おおやまゆりこさんのフェミニンで柔らかい色彩のイラストがとにかく素敵で、書籍としてまとめられたらいいなと思っていました。本書のためにたくさんの描き下ろしをしてくれたおおやまさんと、ピーチ・ジョン『momo life』の担当者・佐藤はるかさん、編集の佐々木康晴さんに心から感謝します。

山崎まどか

『ランジェリー・イン・シネマ ～下着が語るヒロインのストーリー～』

著者：山崎まどか
イラスト：おおやまゆりこ

装丁・デザイン：古田雅美、内田ゆか（opportune design Inc.）
編集：佐々木康晴（blueprint）

協力：佐藤はるか（PEACH JOHN）

2020年7月15日 初版発行

発行者：神谷弘一
発行所：株式会社blueprint
〒150-0043 東京都渋谷区道玄坂 1-22-7
電話：03-6452-5160（代表）

978-4-909852-08-3
C0074

印刷・製本所：株式会社シナノパブリッシングプレス